ドライボタニカル

フレッシュからドライへ移ろいの記録

❧ 土と風の植物園 ❦
山崎由佳

Archives of
the gradual changing
from fresh to dry

実業之日本社

Contents

PART 1　　フレッシュからドライへ美しき変化

Spring
春

6

8	フサアカシア	18	トリフォリウム オクロレウコン	37	グレビレア
9	ラナンキュラス	19	パンジー	38	チューリップ
10	ラグラス	20	ヒヤシンス	40	マンサク
11	ラムズイヤー シルバーフィンチ	22	フランネルフラワー	41	ドライアンドラ フォルモーサ
12	ゼンマイ	23	ミツマタ	42	ヤグルマギク
13	ネコヤナギ	24	アネモネ	43	ムスカリ
14	ガーベラ	25	スカビオサ	44	ワラタ
16	ブルビネラ	26	ユキヤナギ	45	バンクシア コクシネア
17	スイートピー	27	アオモジ		
		28	ライスフラワー		Arrangement
		29	フェノコマ	46	春の枝で束ねたスワッグ
		30	カーネーション	47	手提げ鞄に包んだ、草花のブーケ
		31	バラ	47	球根植物を平皿に装う
		32	リモニューム シヌアータ	48	アカシアのリース
		33	リモニューム スウォロウィー	48	リモニュームの1/2リース「Happy Birthday」
		34	ピンクッション	49	ラナンキュラスの押し花
		36	リモニューム 'ブルーファンタジー'		

Summer
夏

50

52	ラベンダー	60	マリーゴールド	78	ホオズキ
53	ルリタマアザミ 'ヴィーチズ ブルー'	61	ヒマワリ	80	アジサイ
54	ベニバナ	62	ヘリコニア	81	アスター
55	シャクヤク	63	ニゲラ	82	レモンバーベナ
56	リューカデンドロン アージェンタム	64	アリウム ギガンチューム	83	ビバーナム ティヌス
58	エリンジウム	65	スモークツリー	84	アンスリウム（花）
59	ホップ	66	ルナリア	86	アンスリウム（葉）
		68	アリウム タンチョウ	87	アリウム シュベルティー
		69	キバナセンニチコウ 'ストロベリーフィールズ'		
		70	デルフィニウム		Arrangement
		71	アスチルベ	88	無農薬のバスハーブ
		72	プロテア 'ニオベ'	89	シャクヤクの蝋引き花
		73	ハス	89	絵画ゴッホの「ひまわり」をインスピレーションに
		74	クラスペディア	90	8月のアジサイリース
		75	ヘリクリサム イモーテル	91	初夏の花束
		76	カンガルーポー		
		77	カスミソウ		

Autumn

秋

—

92

94	セルリア
96	ノバラ
97	ツルウメモドキ
98	アメジストセージ
99	ワレモコウ
100	フウセントウワタ
102	ケイトウ
103	ウモウケイトウ
104	ブルニア レッド

105	ソルガム
106	ヨウシュヤマゴボウ
108	キリ
109	コリンビア カロフィラ
110	パンパスグラス
111	ダリア
112	ゲットウ
114	ペッパーベリー
115	スズバラ
116	ベルベットリーフ
117	チリペッパー
118	アジサイ ミナヅキ
119	リンドウ
120	アマランサス
121	バンクシア スペシオサ
122	ベニノキ
124	ナナカマド
125	ユーカリ ニコリ

126	ユーカリ プレウロカルパ
127	ヒオウギ
128	コットン
130	グラスジェム コーン
131	ベルベットビーン

Arrangement

132	ハロウィンのリース「夜空のパレード」
133	コットンボール・オーナメント
133	パンパスグラスの三日月スワッグ
134	飾らず、生ける
134	香る、シナモンのスワッグ
135	バラの実の花かご「秋めくエデン」

Winter

冬

—

136

138	プロテア キング
140	シャリンバイ
141	ナンキンハゼ
142	シクラメン
143	スイセン
144	ウメモドキ

145	スターリンジア
146	シンカルファ
147	スモークブッシュ
148	コニファー‘ブルーアイス’
149	モミ
150	レオノティス
151	カレンジュラ
152	クリスマスローズ
154	ベルティ コルディア
155	フィリカ
156	カンキツ
158	サンキライ
159	ナンテン
160	バンクシア コーン
161	パインコーン

162	ストーブ プルモーサ
163	バーゼリア ストコエイ
164	リューカデンドロン プルモサス ルブラム

Arrangement

166	一枝を愛でる
166	クリスマスリース「Noël」
167	植物の欠片を閉じ込めたガラスのツリー
167	ピッチャーに飾る

All seasons

通年

—
168

170 アレカヤシ
171 クレマチス シード
172 ゲーラックス
174 グレビレア 'アイバンホー'
175 レモンリーフ
176 フレボディウム アウレウム
178 プロテア コルダータ
179 ダスティミラー 'ニュールック'

180 ユーカリ ポポラス
181 ユーカリ 'ベイビーブルー'
182 グレビレア バイレヤナ
183 リビストニア
184 ウンリュウヤナギ
185 オリーブ
186 オオタニワタリ
188 スゲ
189 ワイヤープランツ
190 マグノリア グランディフローラ

Arrangement

192 最後の形を楽しむ
193 ユーカリたちを組み合わせて
193 楽譜のように束ねたスワッグ「冴えた音色」
194 連ねたリーフの壁飾り
194 空き瓶に飾る

PART II　ドライボタニカル Q&A

196 Q1 「ドライボタニカル」とはなんですか。
また「プリザーブドフラワー」との違いを
教えてください。

197 Q2 ドライにできる植物と、
できない植物を教えてください。

198 Q3 自宅でドライボタニカルを
きれいに作るコツや注意点はありますか。

199 Q4 ドライボタニカルでよく目にする
ワイルドフラワーとはなんですか。

200 Q5 ドライボタニカルの寿命を
教えてください。

201 Q6 ドライボタニカルの持ちを
よくするためのコツはありますか。

202 Q7 ドライボタニカルを組み合わせる際の
ポイントを教えてください。

203 Q8 ドライボタニカルを花瓶に生けたり、
スワッグ・リースを作る以外の
楽しみ方を教えてください。

204 Q9 スワッグやリースは玄関など、
屋外に飾っても大丈夫ですか。

205 Q10 賃貸住宅などで壁に穴があけられないときは、
どのようにスワッグやリースを飾ったらよいでしょうか。

206 あとがき

PART 1

フレッシュからドライへ
美しき変化

フレッシュな植物と同じように、
ドライボタニカルも
季節に合わせて楽しむことができます。
ここでは春・夏・秋・冬・通年に分けて、
乾燥前・乾燥後の比較写真を中心に
植物種と、それぞれの季節に合わせた
アレンジメントをご紹介。
彩り豊かなドライボタニカルを
どうぞお楽しみください。

※1 変化が小さいもの・乾燥後（ドライ）の姿がより魅力的なものでは、ドライのみを掲載している種もあります。
※2 基本的に原産国の時季と日本で出回る時季が同じものをピックアップしていますが、種によっては日本の出回り時季を優先して季節を振り分けているものもあります。

Spring

春

フサアカシア

Acacia dealbata

まんまるフワフワ春の使者は、風に当
たるとキュッと恥ずかしそうに縮こま
り、濃厚な花色へと変化します。花・
葉ともにポロポロと落ちやすいので丁
寧に取り扱って。

「ミモザ」という名で愛される、この
黄色い花の本当の名前は「アカシア」。
フランスへ輸入されたとき、アカシア
の葉を「Mimosa」と学名のつくオジ
ギソウの葉と間違えてしまったことか
ら、本来の学名ではないこの呼び名が
定着しました。

原産のオーストラリアでは「ワトル・
ツリー」と呼ばれるのが一般的。

ラ ナ ン キ ュ ラ ス

Ranunculus asiaticus

心が春めく。ふわりと軽やかに広がる
薄紙のようで繊細な花びらが、幾重に
も重なります。水分が多くフレッシュ
な状態に比べると、キュッとひと回り
ふた回りと小さくなり、すこし大人び
た表情へと変化しますが、愛らしさは
そのまま。種類も豊富で色もとりどり。
茎は柔らかく空洞のため、乾燥後は特
に折れやすく、吊り下げて飾っていた
だくのがおすすめ。
花名はラテン語で「カエル」を意味し
ます。葉がカエルの足に似ていること
と、カエルが好む湿地帯に生えること
に由来。花言葉は「光輝を放つ」。

ラグラス

Lagurus ovatus

「野ウサギのしっぽ」。ずっと触っていたくなるフワフワな花穂(かすい)は、学名、英名、和名すべてでそのように表現されます。世界中で相通じる感覚をもてるほど、特徴的な花姿。わたし自身、1本を手に持つたびに「野ウサギのしっぽ」を想像し、その愛らしさのあまり笑顔になってしまいます。
アレンジに加えると素朴で可憐な淡いグリーンは、陽の光があたるにつれアンティークなベージュへと徐々に変化します。

ラムズイヤー
シルバーフィンチ

Stachys byzantina

銀色に起毛した姿は柔らかで美しい。
だけど植物にとっては自然界を生き抜
くことがその真理。大量のうぶ毛によ
り葉の周辺に水分を閉じ込め、太陽か
らの過度な光や熱を反射し干ばつに耐
えます。また昆虫から食べられるのを
防ぐ効果も。そんな情報を知ると、ま
た見る目が変わってきますね。
葉の形が羊の耳に似ていることが名前
の由来。この蕾を楽しめるのは春から
夏にかけてです。

ゼンマイ

Osmunda japonica

クルクル渦まく、生命が生まれる神秘
の形。実は綿帽子をかぶって地中から
顔を出します。多年生シダ植物で、日
本全国山中の沢や斜面などの湿地帯に
生息します。
水分がなくなると渦をほどいて、まる
でそれを探しに出掛けていくかのよう。
春には「色とりどり」「爛漫」などの華
やかな言葉が並ぶなか、「芽吹き」と
いう言葉は、まさにこれならでは。
アレンジメントに加えると、生命力や
生きていくために必要なえぐみのよう
なものが感じられます。

ネコヤナギ

Salix gracilistyla

茶色の帽子を脱ぎ捨てて、銀白色のベルベットが姿を見せたら、春の訪れ。暖かくなると花芽が膨らみ芽鱗は外れ、内側から長い糸のような花が顔を出す。日本ではもっとも早く開花するヤナギと言われています。乾燥するとその花は落ち、ベルベットの部分のみが残ります。
花穂がネコのしっぽのように見えることから、この名はつけられましたが、地方によってはイヌやウシと結びついた呼称もあります。

ガーベラ

Gerbera jamesonii Hybrid

元気でキュート。そんなガーベラがどこかあやうく、胴長けた姿に。花びら1枚1枚は何かを訴えかけるように歪みます。ドライになると正面を向いた生花では見ることの少ない、花びらの裏側が覗き、その色差も楽しめます。また茎のうぶ毛は際立ちます。
ガーベラは四季咲き性を持つ植物。季節を問わず何回も花を咲かせることができ、日本では春や秋に花を咲かせます。

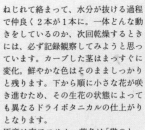

ブルビネラ

Bulbinella

ねじれて絡まって、水分が抜ける過程で仲良く2本が1本に。一体どんな動きをしているのか、次回乾燥するときには、必ず記録観察してみようと思っています。カーブした茎はまっすぐに変化。鮮やかな色はそのまましっかりと残ります。下から順に小さな花が咲き進むため、その生花の状態によっても異なるドライボタニカルの仕上がりとなります。
原産は南アフリカ。英名は「猫のしっぽ」を意味する「Cat's tail」。

スイートピー

Lathyrus odoratus

ギュッと色水を吸い込んだ染めの花
は、花脈を浮かび上がらせます。乾燥
させると、流通する園芸品種の特徴で
あるフリル状の花びらは影をひそめ
て、原種に近いシルエットに変化しま
す。

その名はもちろん、フワリと甘い香り
を放つマメ科の花であることから。巻
きひげで絡みながら伸びていきます。
花が今にも飛び立とうとしている蝶に
似ていることから「門出」「別離」とい
う花言葉がつけられました。

トリフォリウム
オクロレウコン

Trifolium ochroleucon

野に咲く多くの草花を楽しめる、芽吹きの春。やさしいクリーム色の真ん中からニョッキリと花穂が顔を出す愛らしさは、水分を抜いてもそのままに、加えて奥ゆかしさを感じられるドライボタニカルへと変化します。風に揺れみずみずしくたわむ姿は、乾燥によりピンとまっすぐに。繊細な茎は折れやすく、大切に取り扱いたい。
幼い頃に花冠づくりを楽しんだ、「シロツメクサ」とも呼ばれるクローバーの仲間です。

パンジー

Viola × wittrockiana

笑っていたり、怒っていたり。まっすぐ前を捉えていたり、ちょっとそっぽを向いていたり。ひとつひとつが表情豊かな人の顔に見えてくるパンジー。加えて考え込むように前に傾く様子に見えることから、フランス語で「思想」を意味する「パンセ（pensée）」にちなみ、その名がつけられたと言われています。またそのありようから、花言葉は「物思い」。花の中心にあるこの特徴的な斑紋は「ブロッチ」と呼ばれます。

ヒヤシンス

Hyacinthus orientalis

時を経て、植物の中に潜んでいた色たちがあらわれます。丸い付け根はブルー、花びらの先はパープル、その真ん中は茎と同色のカーキ。ドライボタニカルへの「変化」で、組織や個々の違いがより鮮明に。

プックリと付け根が膨らみ、ラッパのように広がる花びらからは春のメロディーが流れ出すよう。

このドライはとても繊細で、すこしの衝撃でポトリと花が落ちてしまうほど。みずみずしい球根植物は特に乾燥に時間を要するため、気をつけて乾燥させたい。

フランネルフラワー

Actinotus helianthi

見て、触って、ホッと心がゆるむ。
そんな癒しを感じさせる細かく柔らか
なうぶ毛は、花・葉・茎、植物全体に
密生します。ネルシャツの素材として
定番の毛織物、フランネルに似ている
ことからこの名がつけられました。
花先はインクを染み込ませたように淡
く色づき、真ん中は半球状に膨らみま
す。
吊るさず置いて乾燥させると、花の顔
がしっかりと見えるドライボタニカル
の仕上がりに。

ミツマタ

Edgeworthia chrysantha

先端が常に3つに分かれる独特の枝ぶりからこの名がついたと言われ、首を垂れて咲く姿には奥ゆかしさを感じます。今回乾燥したのは花開く前、蕾の状態です。

樹皮は和紙の原材料としても活用され、ミツマタにより作られた紙は表面に光沢がある仕上がり。高級感があることはもちろん、繰り返しの使用や水濡れにも強いことからお札の材料にもされ、明治に初めて採用されてから現在に至るまでその伝統が受け継がれています。

アネモネ

Anemone coronaria

映えるのは間違いなく、生花。対して
ドライボタニカルには儚げな美しさが
宿り、密やかにそっと明かりを灯すよ
うな魅力があります。
春の風に誘われて花を咲かせ、さらに
風に乗って綿毛にくるまれた種子が次
の命を運ぶことから、ギリシャ語の
「anemos（風）」が名前の由来。ちな
みに anemone は「風の娘」という意
味です。欧米では「windflower」と
呼ばれることの方が一般的だとか。

スカビオサ

Scabiosa

比例しない、アンバランスな変化が楽しめるのもドライボタニカルの魅力のひとつ。フレッシュからドライへの変化の特徴のひとつである「縮み」。個体それぞれの水分量によって仕上がりは異なりますが、それはひとつの花の中でも起こります。中心の硬い蕾はそのままの大きさに対して、外へと広がる花びらはキュッと縮こまる。生花ではありえない、蕾と花びらのユニークなアンバランス。

スカビオサには春咲き、秋咲き、四季咲き性の品種などがありますが、多くは春と秋に開花のピークを迎えます。

ユキヤナギ

Spiraea thunbergii

豊かな曲線がやさしい雰囲気を醸し出
し、花・蕾・葉が、美しい凹凸となっ
てあらわれます。その名前から連想さ
れる景色も楽しんでいただけるよう、
出回りはじめの早々、1月から仕入れ
をするようにしています。
枝一面に白い花が咲く、落葉性バラ科
の低木。流れるような枝ぶりがヤナギ
に似ていて、その枝にシンシンと雪が
降り積もったかのように、真っ白な小
花が咲かせる姿が名前の由来。
たっぷりと花瓶に生けて、飾るのがお
すすめです。

アオモジ

Litsea cubeba

花開く喜びは影を潜め、ドライボタニカルとなった鈴なりの蕾からは、そのままで在り続ける、という意思が感じられます。枝色は深まり、凛とした佇まい。
そのままをシンプルに花瓶に飾ったり、春の草花と組み合わせても似合います。枝同士が絡まると蕾はポロポロと落ちてしまうため、ご注意ください。枝が青みがかった緑色をしていることからこの名がつけられました。またちょうど卒業式の頃に咲き誇ることから、地方により「卒業花」と呼ばれることもあります。

ライスフラワー

Ozothamnus diosmifolius

バロックパールのように、上品さとカジュアルな側面を併せ持つドライボタニカル。実際の名の由来は、小さな蕾が米粒のように見えたことからだそう。地面に植わって育っているものとドライを比べても見分けがつかないくらい、ほとんど乾燥による変化はありません。

花開いたあとは花がバラバラと落ちてしまうため、収穫は蕾のときに。花が咲き進むにつれてピンクから白へと変化します。

花言葉は「豊かな実り」。オーストラリア生まれです。

フェノコマ

Phaenocoma prolifera

恐竜みたいにゴツゴツとした硬い葉が
幹を覆います。この幹と相まったマゼ
ンタレッドはなんだかグロテスクで、
ちょっぴり不気味な佇まい。
南アフリカの日差しを反射しキラリと
輝く花は、遠くにいても簡単に見つけ
られるほど。非常に長く咲き続け、ド
ライボタニカルにしても見た目が大き
く変わらない花は総称して、「いつま
でも変わらない」を意味する「エバー
ラスティング」と呼ばれますが、この
フェノコマもそのひとつです。

カーネーション

Dianthus caryophyllus

波打つフリルの花びらは乾燥して随分
と小さくなりますが、色は深まりそれ
以上の存在感を放ちます。ドライボタ
ニカルになるまで時間がかかるため、
母の日シーズンの前は特に時間に余裕
をもって乾燥させます。乾燥の過程で、
色が淡いものは花色が残りにくく、濃
いものは黒ずんでしまうため、写真程
度の中間色のものを乾燥させるのがお
すすめです。

バラ

Rosa

気品が感じられるのは花の美しさ以上
に、その硬くまっすぐ伸びた茎からか
もしれません。通常は取り除くことが
多い棘も、それを高めている気がしま
す。乾燥させると漆黒に近づき、孤高
な姿へ。
バラの起源は5,000万年前とも言わ
れ、その華やかな香りも多くの人々を
魅了し、文芸や美術そして政治に至る
まで際立った役割を演じてきました。
様々な歴史や伝説、ロマンに彩られた、
花の女王です。

リモニューム
シヌアータ

Limonium sinuatum

色とりどりあるなか、好みはサーモン
ピンク。品種改良により昨今ではオレ
ンジ系やニュアンスカラーなど豊富な
カラーバリエーションです。
生花のときからカサカサとした質感
で、乾燥させても見た目の変化はほと
んどありません。この特徴から花言葉
は「永遠」「変わらぬ愛」。手軽にドラ
イボタニカルにすることができ、初心
者の方にピッタリな花。
花びらのように見えるのはじつは苞。
歯ブラシのような姿が愛らしい。

リ モ ニ ュ ー ム
ス ウ ォ ロ ウ ィ ー

Limonium suworowii

ニョロニョロと立ち上がる近未来的か
つ独特なシルエット。スターチスとも
呼ばれる昔から馴染み深い、リモニュ
ームの一種です。意外にも何年も昔か
らある品種だそう。
小花たちはサイケデリックなカラー
で、曲がる茎をモールのようにふっく
らと覆う姿も可愛らしい。折れやすい
ので扱いは慎重に。
ユニークな曲線が生きるよう、ときに
切り分けてアレンジするのがおすすめ
です。

ピンクッション

Leucospermum

均一なカーブを描き、プラスチックで
作られたような雄しべは、ドライにす
ることで水分は抜け、線はギュッと縮
み繊細に。この凝縮によって歪んだ線
は、ひとつひとつ手で作られたオート
クチュールのようで、ぬくもりと情緒
を感じます。
名前の由来は裁縫の針山に似ているこ
とから。花言葉は「どこでも成功を」。

リモニューム
'ブルーファンタジー'

Limonium
'Blue fantasy'

空気がシン、と静まるような落ち着きを感じさせる、細かく淡い花。時間が経ち、花が散り赤みを帯びた茎もまた、古い器や家具にしっくりと馴染みます。

ニュアンスを加えたいとき、ボリュームを出したいときなど、あらゆるシーンで重宝するマルチなドライボタニカル。ウエディングでも活躍します。

花が終わったあとも地下に根を残し、翌年また花を咲かせる宿根草です。

グレビレア

Grevillea sp.

複数の雌しべが飛び出た、蜘を連想させる風貌から「スパイダーフラワー」という別名をもちます。乾燥し、カーリーに縮れた雌しべはヌードルみたい。その不思議な姿1本を加えるとピリッとスパイスが効いたようなアレンジが完成します。

グレビレアの種類は300もあるとされ、花色や形は様々。庭木としても愛され、コロナ禍のガーデニングブームのタイミングで特に人気が高まりました。

チューリップ

Tulipa

誰もが知るのとは違う、妖艶な花姿。あどけなく可憐なイメージは乾燥させることにより、儚げな美しさを宿します。花びら1枚1枚が歪み描かれるカーブと、波紋のように色が広がる様子には心を奪われます。普段は覗き込まないと見えない雄蕊が花びらの隙間から覗くのもまた素敵。

自立させるのは難しいため標本にしたり蝋に浸したり、工夫して楽しみます。定番の一重のものに加え、フリンジやパーロットなど咲き方も様々あるチューリップ。それによっても仕上がりの印象は変わります。花言葉は「思いやり」。

マンサク

Hamamelis japonica

乾燥によって花以上に魅力が引き立てられるのは、萼。凸凹とした萼と力強い幹は、凛と厳か。

色を失った冬の名残のある野山でいち早く花を咲かせることから、「まず咲く」や「真っ先」が変化しこの名がついたと言われています。花がよく咲けば豊作、花が少なければ不作など、稲の作柄を占う植物としても古くから人との深いつながりをもっています。

ちなみに英名は「witch hazel（魔女のハシバミ）」。東西どちらでも神秘的な力があるとされているようです。

ドライアンドラ
フォルモーサ

Dryandra formosa

光を受けてオレンジに輝く花と、ギザ
ギザとしたノコギリ状の葉が人気のド
ライボタニカル。水分が抜けても姿が
大きく変わることはありません。
原産のオーストラリアでは春から夏に
かけてがブルームシーズンで、地球の
裏側日本では逆の季節。そのためハロ
ウィンやクリスマスのアレンジメント
で活躍します。
この名で多くが流通していますが、現
在正しくは「バンクシア フォルモー
サ」とされています。

ヤグルマギク

Centaurea cyanus

幸せを感じさせる、深い深いブルー。
触れるだけでハラリと散ってしまいそ
うな、脆く乾いた花びらは、その尊さ
をあらわしているかのよう。乾燥させ
ることで特徴である花びらの深い切れ
込みはより一層際立ち、気品が感じら
れます。落ちてしまった花びらは瓶に
詰めて美しい色を楽しみたい。
古代エジプト、ツタンカーメン王の墓
からの出土品にも描かれていたことも
あるほど、古くから人類にとって身近
な植物です。

ムスカリ

Muscari armeniacum

「本質」「心のふるさと」という言葉が、英語で「root（根）」と表現されるように、球根までをも乾燥させた姿は、大地へ息づいていたことを改めて気づかせてくれます。

球根の乾燥は時間がかかるため、茎を切り離し低温のオーブンで乾燥させるのもひとつの手。花は小さな小さな紫の粒に。

葡萄の房のように花を咲かすことから、「グレープヒヤシンス」とも呼ばれます。

ワラタ

Telopea

「どこにいても目立つ人」という花言葉がつけられるほど、目を引きつける存在感をもちますが、乾燥した姿は闇夜に溶け込むかのよう。黒味を帯びた濃厚な色はアレンジメントに深みを加えます。

先住民アボリジニの言葉で「赤い花」を意味する、オーストラリアの固有種です。シドニーがあるニューサウスウェールズ州の州花でもあります。

44

バンクシア
コクシネア

Banksia coccinea

ネオンに明かりが灯るように、真紅に
きらめく蕊が反曲しながら張り巡らさ
れています。人工物のようにも見える
不思議な植物。スパイクと呼ばれる筒
状の花は、なんだか魔法だって使えて
しまいそう。
オーストラリアの固有種ですが、垢ぬ
けたその姿には、日本の「粋」な感覚
も覚えます。丸みを帯びた葉や、枝の
シルバーに輝くうぶ毛も特徴。晩冬か
ら初夏にかけてがシーズンです。

－ Arrangement

－ Arrange I

春の枝で束ねたスワッグ

春の日差しを受けて輝くネコヤナギは、新生活のきらめき。
ゼンマイで苦味とえぐみのエッセンスを加えます。
花数が少なく一見手軽に見えますが、意外にも難度は高め。
融通が効きづらい乾燥させた枝ものは、ユーカリなどのグリーンを緩衝材の役割に束ねます。

– Arrange 2

手提げ鞄に包んだ、
草花のブーケ

花束を包むのは、紙でなくとも。
手提げ鞄の持ち手を、
コートハンガーやS字フックに
引っ掛けて。器がなくとも飾れます。
フサアカシア、ラグラス、ゼンマイなどを、
野に咲く草花が春風になびく情景を
目に浮かべて束ねました。

– Arrange 3

球根植物を平皿に装う

触れるのもはばかられるほど繊細な
ドライボタニカルは、お気に入りの器にのせて。
フレッシュでは春の定番、
チューリップやヒヤシンスなどの球根植物は、
乾燥させるとガラス細工以上にデリケート。
欠片はアクセントとしてあしらいたい。

- Arrange 4

アカシアのリース

光あふるる、陽だまりのよう。
花粒がぎゅっと詰まった
乾燥させたアカシアで作るリースは、
日が経っても一粒一粒が縮むことなく、
濃厚なイエローを存分にお楽しみいただけます。
シンプル・イズ・ザ・ベスト。
皆を笑顔にする力があります。

- Arrange 5

リモニュームの1/2リース
「Happy Birthday」

「輪」の終わりのない形から、
「永遠」の願いや意味が
持ち合わせされているリース。
ブルーファンタジーとカリナディープブルーの
リモニュームで作る
グラデーションは、無垢でたおやか。
「ようこそ、世界へ」と、
あらたな命の誕生を祝う気持ちで作りました。

– Arrange 6

ラナンキュラスの押し花

ガラスに挟めば、光透けるインテリアに。絵画のように空間を彩ります。

本にペーパーを敷き挟んで作る押し花は、水分量が多いことからキュッと縮んでしまったり、

茎が細く自立させるのが難しい、可憐な春の植物にピッタリな楽しみ方のひとつです。

Summer

夏

ラベンダー

Lavandula

「ハーブの女王」と言われるほど香りが
高く、乾燥させてもそれは健在。花だ
けではなく、茎や葉からもそれは放た
れます。その名の語源はラテン語で「洗
う」という意味の「lavare」。これは古
代ローマで入浴時に湯の中に入れられ
ていたことにちなみ、それほどまでに
この豊かな香りは昔から愛されていま
した。
またスッとまっすぐ伸びた茎は美し
く、束ねてそのままスタンドブーケと
して飾っても素敵です。

ルリタマアザミ
'ヴィーチズ ブルー'

Echinops ritro
'Veitch's Blue'

深海に迷いこんだかのような、神秘的
な青。その幾何学的なシルエットでよ
りいっそう謎めいて、思わず吸いこ
まれてしまいそう。「瑠璃」のごとく、
生きる宝石。
乾燥させるとわずかながらその色は淡
くなるため、十分に色濃く育ったもの
を乾燥させて。
語源はギリシャ語の「echinos（ハリ
ネズミ）」から。その謂れを聞くと愛
らしくも感じます。花言葉は「傷つく
心」。葉には棘があり、ハラハラしな
がら取り扱うほど、刺さると痛い。

ベニバナ

Carthamus tinctorius

ぷっくりと膨らんで、くびれからポン
ポンのように花開く。花の黄色は、咲
き進むにつれて紅色に変化。ドライボ
タニカルにしても元気で鮮やかな色が
残ります。
花言葉は「装い」「化粧」。口紅や衣装
の染料として使われてきたことにちな
みます。原産のエジプトや地中海沿岸
からシルクロードを経由し、奈良時代
に日本へと渡ってきました。古名では
「末摘花」と呼ばれ、源氏物語ではこ
れになぞらえた恋の形がひとつ描かれ
ています。

シャクヤク

Paeonia lactiflora

日本では美しい花姿をあらわす「立てば芍薬、座れば牡丹」という言葉があるのに対し、欧米では色にフォーカスした「blush like a peony（シャクヤクのように頬を染める）」という慣用句があります。同じ花を違う視点で切り取っているのが面白いですね。
シャクヤクは生産地から蕾の状態で届きます。フレッシュからドライに変わりゆく過程はもちろんのこと、その蕾がほころび花開く経過も楽しめます。

リューカデンドロン
アージェンタム

Leucadendron argenteum

銀に輝くうぶ毛はそのままに、滑らか
で整然と並ぶ葉は、乾燥させると他の
ドライボタニカルと同様、いびつに変
化します。まるでドラゴンの鱗が逆立
ったかのよう。光がうぶ毛に反射し、
見る方向によって印象が変わるのが幻
想的で美しい。ドライボタニカルのア
レンジでしばしば登場するリューカデ
ンドロンですが、他とは一線画した個
性的な品種です。原産地は南アフリカ
で、花言葉は「沈黙の恋」。和名で「銀
葉樹」と呼ばれることもあります。

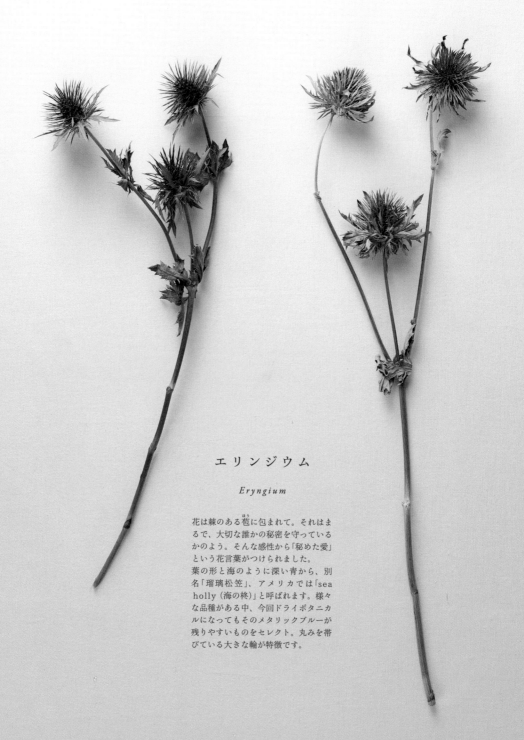

エリンジウム

Eryngium

花は棘のある苞に包まれて。それはま
るで、大切な誰かの秘密を守っている
かのよう。そんな感性から「秘めた愛」
という花言葉がつけられました。
葉の形と海のように深い青から、別
名「瑠璃松笠」、アメリカでは「sea
holly（海の柊）」と呼ばれます。様々
な品種がある中、今回ドライボタニカ
ルになってもそのメタリックブルーが
残りやすいものをセレクト。丸みを帯
びている大きな輪が特徴です。

ホップ

Humulus lupulus

愛称は「毬花」。松笠に似たコロンとしたシルエットで、くねくねと曲がり伸びる蔓に花がところどころ集まっては離れ、列をなしている姿が愛らしい。
その蔓をぐるりと丸めるだけでも十分素敵なリースが完成します。
夏場は気持ちのいい木陰ができるほどグングンと育ち、グリーンのカーテンが広がります。
乾燥をせずとも元々カサカサとした質感で、わずかに弾力があるため、ハーブピローにしても。

マリーゴールド

Tagetes

街中や公園の花壇の定番、太陽を燦燦
と浴びる夏の花。花は下に吊り下げて
十分に乾燥させ、ドライボタニカルで
も元気に上を向き、その情景が浮かぶ
ように。すこし緑味を帯びたその品種
は、乾燥させ深く色づきながらもその
軽やかさは健在。
花の下はキュッとくびれ、水分がなく
なることにより骨格があらわれる。そ
んな視点でドライボタニカルを観察す
るのも面白いですね。
聖母マリアの花とされ「マリアの金」
と言われたことから、この名がつきま
した。

ヒ マ ワ リ

Helianthus annuus

灼熱のまばゆい太陽のような生花から
水分が抜けると、廃退的な美しさがあ
らわれます。しつらえる器も使いこま
れた古道具などがよく似合う。乾燥さ
せることにより、花びらは散り散りと
なり目を疑うほどにボリュームは減り
ますが、管状花と呼ばれる中心部は
比較的残ります。ヒマワリは現在自
然に成長する野生種が約60種、園芸
用に生み出されたものを加えると100
種ほどになると言われています。花言
葉は「あなたを見つめる」。

ヘリコニア

Heliconia

あしらえば、太古の昔に遡るかのよう。
縄文時代の石器のような、ユニークな
シルエットです。
大型種は7mほどにまで生長。熱帯ア
メリカや南太平洋諸島に100種類以
上が分布し、野生種同士が自然に掛け
合わさった雑種も多く、正確な種数は
わからないそうです。
この写真のものも、正式な品種はわか
りません。
ヘリコニアには、花粉を運んで受粉の
手助けをする「ポリネーター」として
ハチドリが活躍します。

ニゲラ

Nigella damascena

ぷっくりと膨らんで、角はツンツン。
春の花、ニゲラの花が咲き終わったあ
との姿です。「devil in a bush（茂み
の中の悪魔）」と呼ばれることもあり、
それは先端に角のような突起があるこ
とにちなみます。ニヤリとちょっぴり
意地悪そうに微笑んでいるようにも見
えてきますね。
中には何か詰まっているわけではな
く、空気でふくらんだ風船のような軽
やかさを持ち合わせています。このこ
とから「フーセンポピー」とも呼ばれ
ています。
ニゲラの花のあとには、傘のような形
に変化する品種もあります。

アリウム
ギガンチューム

Allium giganteum

何をどのように感じるかは、やはり人
によって異なりますね。思わず手に取
って、誰かを応援したくなるようなポ
ップな風貌に見える一方で、立ち姿が
悲しみに佇む人にも連想されることか
ら、「深い悲しみ」という花言葉がつ
けられました。
乾燥させることで元の色は褪せます
が、シルエットはそのまま。1,000個
ほどの小さな花が集まるネギ属の植物
で、生花として長持ちする分、乾燥さ
せるには時間を要します。

スモークツリー

Cotinus coggygria

スモークツリーを見て考えることは世界共通のようです。英名の「smoke tree」に対し、和名も「ケムリノキ」で、花穂が煙を巻き上げているように見えることが名前の由来。花言葉は「煙に巻く」。

すべてのスモークツリーが同様のドライボタニカルになるイメージがありますが、実際には乾燥後の立体感と質感は個々によって随分と異なり、生育環境や成長具合に大きく左右されます。

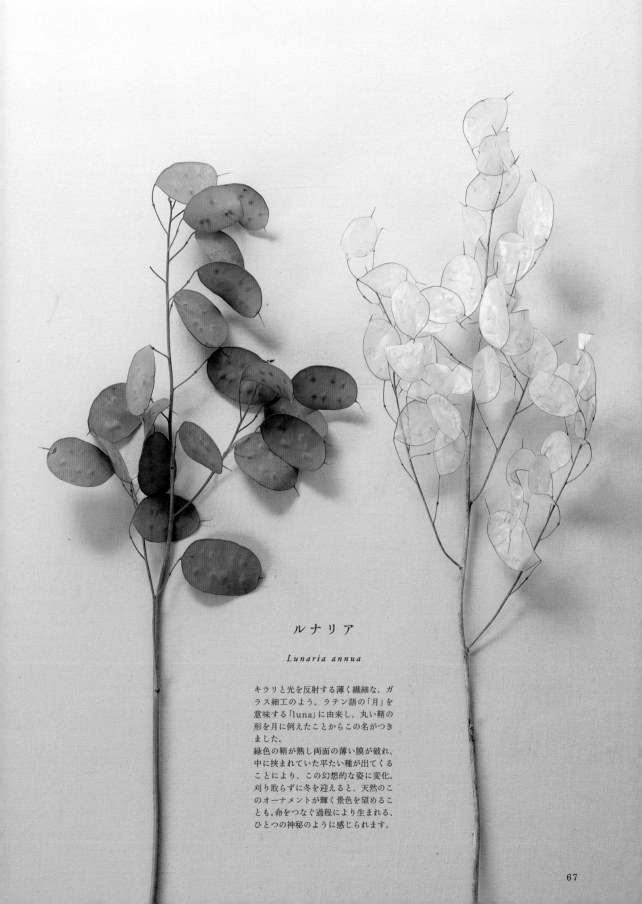

ル ナ リ ア

Lunaria annua

キラリと光を反射する薄く繊細な、ガ
ラス細工のよう。ラテン語の「月」を
意味する「luna」に由来し、丸い鞘の
形を月に例えたことからこの名がつき
ました。
緑色の鞘が熟し両面の薄い膜が破れ、
中に挟まれていた平たい種が出てくる
ことにより、この幻想的な姿に変化。
刈り取らずに冬を迎えると、天然のこ
のオーナメントが輝く景色を望めるこ
とも。命をつなぐ過程により生まれる、
ひとつの神秘のように感じられます。

アリウム
タンチョウ

Allium sphaerocephalon

このままではいけない、といわんばか
りに乾燥をはじめると一斉に花開きま
す。それができるのは、きっと十分
にエネルギーを蓄えているからこそ。
上部に色づいた紫が、「丹頂」の由来。
それも花開くと同時に全体へと広がり
ます。くねりとカーブした茎を活かし
た、動きのあるアレンジを是非。
葱の仲間で切り口は独特の香りがしま
すが、乾燥させるとそれはやわらぐ。
「アリウム」とはラテン語で「ニンニク
のような」という意味をもちます。

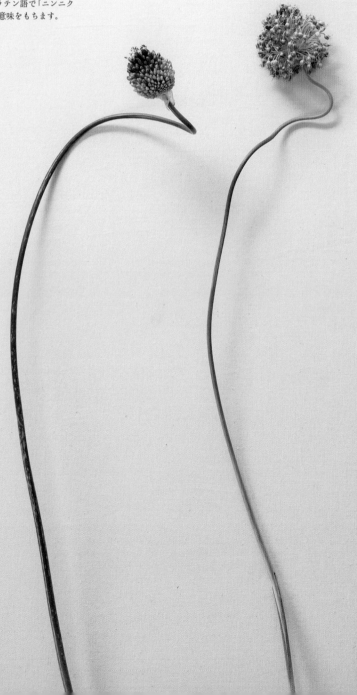

キバナセンニチコウ
'ストロベリー・
フィールズ'

Gomphrena haageana
'Strawberry Fields'

変わるのは、くるんとカールする葉。色づく苞は、ドライボタニカルにしても色・質感ともにほとんど変化はありません。漢字であらわすと「千日紅」。花言葉は「色あせぬ愛」。これらの由来は正に、長い間そのままの色を楽しめることから。
野苺のようにも見えるこの品種は、野の花と合わせて可憐なアレンジメントにピッタリ。茎は水分が抜けると繊細になり萎えてしまいがちなので、十分に乾燥させることがこのドライボタニカルを作るコツ。

デルフィニウム

Delphinium

群青。ドライボタニカルにしても深い青はそのままに。切り花として出回る青色の花は決して多くはなく、また乾燥させると色が沈む花が多々あるなか、これは乾燥させてもその青が美しい。ドライボタニカルアレンジメントでひときわ輝きます。

花の形がイルカの鼻に似ていることから、ギリシャ語の「Delphis（イルカ）」が名前の語源。

この長い茎にびっしりと花が咲く品種の他、可憐に咲くスプレータイプもあります。

70

アスチルベ

Astilbe

シュワシュワと泡粒が弾けるかのように小花が集まり花開くことから、「泡盛草」とも呼ばれます。円錐形の綿菓子にも見えるその花姿は、乾燥させると泡のような花はしぼみ、カリッと色素だけが残ります。ほころび花開く姿を乾燥させても楽しみたい場合は、押し花にするのもひとつのアイデアですね。元々ピンク、赤、白、紫などカラーが豊富ですが、昨今ではブルーやイエローに染められたものも出回ります。花言葉は「恋の訪れ」。

プロテア
'ニオベ'

Protea 'Niobe'

ベルベットの燕尾服を装ったかのような紳士的な佇まいでありながら、ユニークなフォルムはエキゾチックでもあります。存在感を放ち、凛々しいアレンジメントに。
プロテアの名はギリシャ神話に登場する、「proteus（プロテウス）」が由来。姿を自在に変化させることができる神であることから、品種の多いこの花の語源となりました。
育てられる産地にもよりますが、日本では夏から初秋までに出回ることが多いです。

ハス

Nelumbo nucifera

実なのか、根なのか。どちらも異なり、花托という部分になります。花が枯れたあと、茎が分厚くなった花托が大きくなり、その中に実をつけます。この花托が蜂の巣に似ていることから、「ハチス」が転じハスと名づけられました。真っ黒でおどろおどろしさをも感じるドライボタニカルですが、アレンジメントに加えるとアクセントをピリリと効かせます。乾燥させる前はぷっくりと柔らかで、淡いグリーンがみずみずしい。

クラスペディア

Craspedia globosa

ピョコピョコとアレンジメントから飛び出して、チャーミング。こんなにシンプルな姿かたちで人を引きつける魅力があるなんて、なんだか不思議で素晴らしい。

コロンと丸く、太鼓をたたくバチのような形をしていることから「ドラムスティック」とも呼ばれます。乾燥させても見た目はほとんど変わることなく、陽の光に当たってもそのままの色が長持ちします。

花言葉は「永遠の幸福」。意外にもキク科の植物です。

ヘリクリサム
イモーテル

Helichrysum italicum

まぶしいネオンカラー。発光している
かのような蛍光のイエローは、他のド
ライボタニカルとは一線を画す。茎と
葉はシルバーのうぶ毛に覆われ、それ
も不思議です。
乾燥させても色と形の変化はほとんど
なく、岩場や砂地で育つことから「不
滅」の意味をもつイモーテルという名
前がつけられました。南ヨーロッパ原
産のハーブの一種。カレーのような芳
香があり、「カレープラント」とも呼
ばれますが、実際には苦みが強いため
食用には適しません。

カンガルーポー

Anigozanthos spp.

訳すと「カンガルーの足」。細長い筒
状の花は先端が6つに裂けて、それに
似ていることが名前の由来。ユニーク
なその姿からは、多種多様な生物たち
が息づくオーストラリアの大地が目に
浮かびます。花言葉は「不思議」。
元々オーストラリア南西部にのみ自生
していましたが、昨今日本国内でも育
てられるようになりました。イエロー
の他、レッドやピンク、クリーム系の
など様々な色がありますが、黒色の「ブ
ラックカンガルーポー」は別の属です。

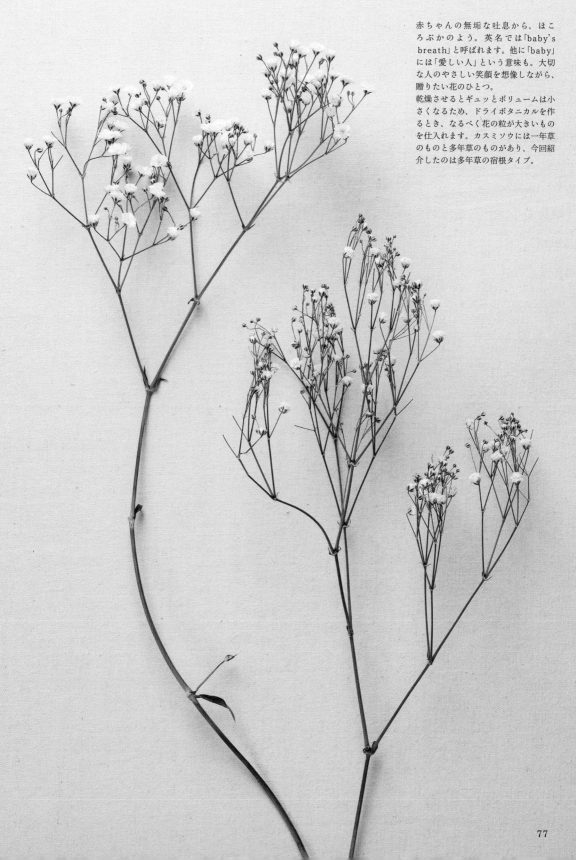

カ ス ミ ソ ウ

Gypsophila paniculata

赤ちゃんの無垢な吐息から、ほころぶかのよう。英名では「baby's breath」と呼ばれます。他に「baby」には「愛しい人」という意味も。大切な人のやさしい笑顔を想像しながら、贈りたい花のひとつ。
乾燥させるとギュッとボリュームは小さくなるため、ドライボタニカルを作るとき、なるべく花の粒が大きいものを仕入れます。カスミソウには一年草のものと多年草のものがあり、今回紹介したのは多年草の宿根タイプ。

ホオズキ

Physalis alkekengi var.
franchetii

夏の風物詩。暑い夜に浮かぶ提灯は現
実なのか夢なのか、どこか幻想的。
漢字であらわすと「鬼灯」。橙の袋の
中に赤く灯る実が妖しげな様子から、
その漢字があてられたそう。
この赤い実はプチトマトのようにぷっ
くりとみずみずしいため、ドライボタ
ニカルにするときには風通しのいい場
所で十分に乾燥させて。同じドライボ
タニカルでも、乾燥させる前に1週間
ほど水に浸けておくと橙の表面は剥が
れ、葉脈だけが残る「透かしホオズキ」
が完成します。

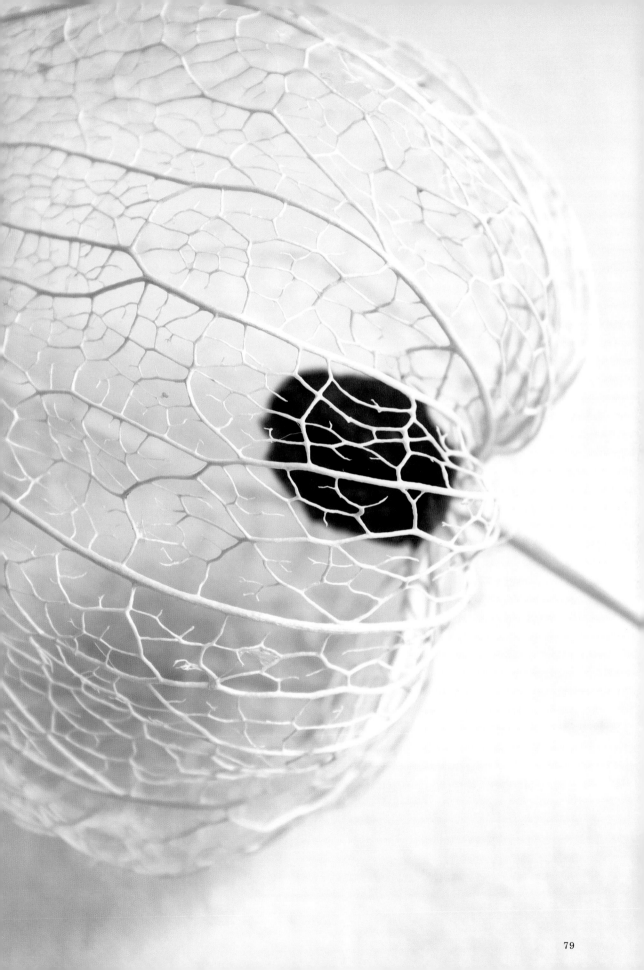

アジサイ

Hydrangea macrophylla

水彩絵の具がジワっと滲んだような、花びらひとつひとつ。同じ環境で育てられた個体でも、その広がるグラデーションは様々。花言葉は「移り気」。ドライボタニカルの仕上がりは、それぞれがもつ水分量によって変わります。英名の「hydrangea」は「水の器」という意味。水をたっぷり蓄えた初夏のアジサイは、秋にかけての気温の変化などにより繊維はしっかりとして厚みが出ます。そう生長したアジサイはパリッとした仕上がりのドライボタニカルとなります。

アスター

Callistephus chinensis

素朴で愛らしい表情から、たおやかで大人びた顔つきに。ふわりと開いた花びらは、乾燥させると色が深まりハラハラと落ちやすい。落ちた花びらはガラス瓶に閉じ込めたり、器にこんもりとよそって。
花びらが落ちたあとの萼は、光沢のある可憐な花のようで面白い。
ピュアな一重咲きのものから、まん丸華やかな八重咲のもの、愛らしいポンポン咲きのものまで品種は様々。またカラーバリエーションも豊富です。花言葉は「追想」。

レモンバーベナ

Aloysia citrodora

乾燥させると葉は砕けやすいため、ア
レンジメントとしては扱いづらいです
が、手を動かすごとに香りは放たれ、
癒しの時間が生まれます。
バーベナとは、ラテン語で「神聖な植
物」を意味し、その昔贄いを立てると
きなどに、このハーブが捧げられたそ
うです。香りが高く、香水の原料にも
なったことから「香水木」とも呼ばれ、
フランスでは「ベルベーヌ」の愛称で
親しまれています。
ハーブティーやバスソルトに加えて活
用されることも。

ビバーナム
ティヌス

Viburnum tinus

メタリックブルーの果実は乾燥によ
り、鈍い黒へと変化します。赤みを帯
びた茎とのコントラストも素敵。
夏の終わりから小さな実をつけ、グリ
ーン、ブラウン、パープル、ブルーへ
と季節とともに色が移ろい変わります。
和名では「トキワガマズミ」と呼ばれ、
一年中緑の葉を楽しめます。春には紫
陽花のようなピンクと白の集合花の蕾
をつけ、これも美しいドライボタニカ
ルに。

アンスリウム（花）

Anthurium

ひとつの花の変化で、季節までも変わるかのよう。生花は艶やかでトロピカル。まさに「夏」の植物ですが、乾燥させると「秋」を連想させる姿へ。木枯らしが似合う、深く色づいた紅葉のよう。

ギリシャ語の「anthosaura（花）」と「oura（尾）」が語源で「しっぽのような花」という意味をもち、その由来のとおり中央のしっぽのように出ているのは花部分です。花のように見えるハート型の部分は仏炎苞といい、サトイモ科特有の葉の一種。

アンスリウム（葉）

Anthurium

水分だけが抜け、葉脈の凹凸があらわれながら立体的に歪み、なめしたレザーのように色づきます。もとの平面的で青々とした見た目からは、想像もできないほど。

アレンジメントに1本取り入れると陰影が加わり、いわゆる「きれい」だけではない、植物が終わりを迎えるという現実的なニュアンスを与えます。

常緑の植物ですが花が咲く夏に、切り花として出回ります。ドライボタニカルとするときには、1枚ずつ十分に間隔を開け乾燥させます。

アリウム
シュベルティー

Allium schubertii

他のドライボタニカルではなかなか見ることのない、しなやかなライン。そのため個性的でありながらも気品があります。花柄が不規則に中心から外へと広がる姿は、大輪の花火が夏の夜空を打ち上げられ、そのまま時が止まったかのよう。
アリウムの中でも超大輪の品種です。写真のものは随分と褐色していますが、花柄のカーブが美しく何年もずっと持っているもの。乾燥したてのものはもうすこしフレッシュな色味が残っています。

− Arrangement

− Arrange I

無農薬のバスハーブ

お気に入りの岩塩や海塩とミックスし、巾着袋にいれて浴槽に浮かべます。

市販の入浴剤に比べほのかな香りにはなりますが、

自然のものならではのそれがまた心地よい。入浴後、ハーブボールとしても活用できます。

夏はレモンバーベナやラベンダーなど清涼感あるものがおすすめ。

– Arrange 2

シャクヤクの蝋引き花

ハラハラと散ってしまいそうな幾重にも重なる
シャクヤクの花びらは蝋に浸して。
蜜をまとったかのような姿はまるで飴細工。
硬くなった分、
パキッと壊れやすいため大切に飾って。

– Arrange 3

絵画ゴッホの「ひまわり」を
インスピレーションに

景色と感情を絵画から想像して。
ヒマワリは平らに並べたり
吊り下げたりして乾かし、
多様な表情が出るような
ドライボタニカルに仕上げて束ねます。
スモークツリーの葉やグレビレアなど
ダークカラーの植物を合わせ、
彼自身の心の揺らぎも
どこか感じられるように。

- Arrange 4

8月のアジサイリース

季節が過ぎれば、青や白など、
どんな色のアジサイも緑へ変化し、
さらに秋が近づけば赤味を帯びていきます。
そんな夏の終わり、緑への変化を
ドライボタニカルにして閉じ込めて。
2種のアジサイと2種のユーカリで作った
両手で抱えてもおさまらないほどの、
大きな大きなリースです。

- Arrange 5

初夏の花束

スモークツリー、リューカデンドロンアージェンタム、リモニュームなど、
淡く霞がかったシルバーのドライボタニカルを、ボリュームたっぷりに束ねます。
ラインがユニークなゴアナクローやマメグンバイナズナラはポイントに。
スモークツリーはふわりと花束の輪郭を柔らかく、初夏の風を運んでくるかのよう。

Autumn

秋

セルリア

Serruria

「頬を染めた花嫁(ブラッシング・ブライド)」と呼ばれます。花のように見える苞の先はうっすらとピンクに色づき、中央はふわりと綿菓子のようにやさしい手ざわり。その謂れは幸せに頬を染めた女性が連想されたことから。ウエディングシーンでも人気のお花です。

乾燥させると、苞は飴細工のように繊細に。パキッと折れてしまいやすいので慎重に取り扱いたい。

花言葉は「ほのかな慕情」。

ノバラ

Rosa multiflora

緑から橙を経て、紅へ。ドライボタニ
カル1本に存在するこのグラデーショ
ンは、季節の移ろいを気づかせてくれ
ると同時に、変化の瞬間を切り取った
絵画のようにも感じられます。
多くの方が想像する「バラ」とはおそ
らく違う、桜や苺の花にも見える素朴
で可憐な「ワイルドローズ」と呼ばれ
る、原種バラにのみにできるバラの実。
まるで背骨のように中心の幹から両脇
へと枝が伸び、その先に実を結びます。

ツルウメモドキ

Celastrus orbiculatus

その実はさることながら殻の可愛らし
さも、とびきり。乾燥を始めると緑の
殻は一気に弾けて、はにかんでいるよ
うな黄色の内側とプリプリとした橙の
実が顔を出します。
蔓を活かし、くるっとまるめてリース
にしても素敵です。
たびたび和名で「モドキ」とつく名の
ものが存在しますが、どうしてその植
物だけのオリジナルの名前にしなかっ
たのか、すこし心苦しい気持ちに。ち
なみにツルウメモドキは葉の形が梅に
似ていることから、この名がついたと
されています。

アメジストセージ

Salvia leucantha

ここにも温かさを纏わんばかりの秋の
植物が。紫の気品ある柔らかな手ざわ
りで、「ベルベットセージ」とも呼ば
れます。
花のように見える紫はじつは萼。花は
というと萼の中から伸びるように咲きま
すが、乾燥の過程で落ちてしまいます。
このアメジストセージは観賞用です
が、セージには種類が多々あり、ラテ
ン名は「サルワーレ」。「救う」という
意味で、古いアラビアのことわざには、
「庭にセージを植えているものが、ど
うして死ぬことができようか」とある
ように、古くから薬効に富む薬草とし
て有名です。

ワレモコウ

Sanguisorba officinalis

「吾もまた紅なり（吾亦紅）」と紅色の
美しさを自ら訴えたことからこの名が
ついたという一説があります。和歌に
詠まれることなども多く日本の秋の野
を代表する植物のひとつ。十五夜のお
月見では、ススキとともに欠かせませ
ん。
花同士は絡まりやすくポロポロと落ち
やすいので、乾燥させたあとはなるべ
く触れずに飾っておくのがおすすめ。
花が上から下に向かって順に咲いてい
く様子から、花言葉は「変化」。

フウセントウワタ

Gomphocarpus physocarpus

トゲトゲだけど、痛くない。ぷっくり
と膨らんだハリセンボンのような果実
からパラシュートで脱出。その実は成
熟すると縦に割れ、シルクのように滑
らかな冠毛のついた種が飛散します。
気づけばアトリエ内にこの綿毛がフワ
フワと漂っている、なんてことも。
実が弾け、袋の中に詰まった綿毛が一
斉に飛んでいく様子から「いっぱいの
夢」「隠された能力」「逆境と繁栄」と
いう花言葉がつけられた、前向きな気
持ちになれる植物です。

ケイトウ

Celosia cristata

植物たちも季節に合わせておめかしを
楽しんでいるのかも、そう感じさせて
くれる花のひとつ。色もとりどり。花
言葉は「おしゃれ」です。
乾燥させるとビビットな色は深まり、
こっくりと。ギュッと密になる分、厚
みとあたたかみが増し、冷たい冬へと
向かうこれからの時季は、このドライ
ボタニカルの質感がよく似合います。
鶏のトサカ（鶏頭）に似ていることが
名前の由来。英語でも「cocks comb（雄
鶏のトサカ）」と呼ばれます。

ウモウケイトウ

Celosia argentea var.
plumosa

揺らめく炎のようにも見えます。発色
よくしっとりと艶やかな生花は、ニュ
アンスカラーのふっくらとやさしい雰
囲気のドライボタニカルへ。左ページ
のケイトウとは真逆の変化。この違い
はなんなのか、すこし気になるところ
です。
秋風にそよぐ、穂の植物のようにスッ
と伸びた花が特徴のウモウケイトウ
は、赤・黄・橙・緑とカラーバリエー
ションも豊富。

ブ ル ニ ア　レ ッ ド

Brunia sp.

苺みたいな膨らみがパッと開くと、あ
らわれるのは紅葉した山のようなグラ
デーション。規則的に並ぶツンツンと
した突起は、自然が創り出す美しいパ
ターン。
ただこれが花なのか、果実なのか、ど
ういう状態のものなのかいまだ不明。
また、ブルニア レッドという名で出
回りますが、実際の正体もはっきりと
していません。特にドライボタニカル
で人気のユニークな植物は、情報が公
になっていない謎多き状態のものが多
いです。

ソルガム

Sorghum bicolor

秋のエッセンスが加わるツブツブ、イネ科の植物。紀元前8,000年から栽培され始めたと言われているアフリカ生まれのスーパーフード。昨今ではお花のアレンジメントにも利用されるようになりました。高温や乾燥に強いことから、雨量が少なく、作物を育てるには過酷な土地でも栽培できる貴重な穀物として重宝され、英名では「great millets（素晴らしい雑穀）」と呼ばれます。意外にもズッシリと重量感があり、そこからも栄養価の高いことが感じられます。

ヨウシュ
ヤマゴボウ

Phytolacca americana

秋が深まると黒く熟し、はち切れんば
かりにたわわに実る。ピカリと艶やか
で丸い果実は、乾燥させるとマットに
くすんで、カボチャのようなシルエッ
トに変化します。
北アメリカから渡来以降、日本の山野
や街中、庭やアスファルトの割れ目ま
であらゆるところで力強く生息。幼い
頃学校からの帰り道、実を潰して遊ん
だ記憶があります。わたしにとって身
近な植物がこんな素敵に変化するとは。
果実の色素はインクの材料になり、英
名は「ink berry」。

キリ

Paulownia tomentosa

乾燥した実からは、子孫を残すための
種子が舞う。風に乗り、遠く遠くへ辿
り着くために、そのまわりにはバレリ
ーナの衣装のようなフリルが二重三重
にもあしらわれています。
実がつき花が咲く前の、うぶ毛に覆わ
れたベージュの蕾もドライボタニカル
として人気です。
漢字で書くと「桐」。こうあらわすと
馴染み深く、ピンとくる方も多いかも
しれません。幹は軽くて狂いや割れも
少なく、箪笥などが作られる木材とし
て活用されます。

コリンビア
カロフィラ

Corymbia calophylla

大きな口を開けた、壺型の実をつける
ユーカリの仲間。「ベルガムナッツ」
や「トランペット」という名で流通す
ることが多いです。乾燥後、軽くトン
トンとたたくほどの衝撃で中身が出て
くるため、上向きに飾って。
オーストラリア南西部に分布し、オウ
ムなどの在来種の鳥にとって重要な食
料源である種子が含まれています。
近年ユーカリ属から分離された背景を
もちます。今もなお、植物の不思議は
まだまだ解明の途中です。

パンパスグラス

Cortaderia selloana

風をはらんで、ふっくら、フワフワ。
艶やかな銀白色の穂は羽毛のように柔
らかなドライボタニカルへと変化しま
す。美しい仕上がりにするために、花
穂が出る前に収穫し、皮のような葉は
ナイフで剥いて乾燥させます。
パンパスグラスは、草丈の大きなイネ
科の多年草。20ほどの種類があると
され、草原地帯（pampas）に生える
草（grass）というのが、この名の由
来です。別名は「おばけススキ」。

ダリア

Dahlia

みずみずしくて、繊細で。生花だと長
所になることが多いこの特徴も、乾燥
させるとなると話が変わります。
はじめてこのドライボタニカルを作ろ
うとしたとき決して上手くいくとは思
えませんでしたが、無事に美しい姿に。
直径は半分ほどの大きさに縮み、華や
かさは生花に劣りますが、濃厚になっ
た色と有機的なラインはドライボタニ
カルならでは。西洋的でありながらど
こかオリエンタルなニュアンスも感じ
られます。

ゲットウ

Alpinia zerumbet

うっすらと黒が透ける白い種子が奇々
怪々。他にもキッチリと三等分に割れ
てできる隙間だったり、象の鼻のよう
にカーブしたシルエットだったり、不
思議な魅力が満載。また乾燥すること
であらわれるヒダは工芸品のように美
しい。

ショウガ科の植物で、初夏にさわやか
な香りを放つみずみずしい桃のような
花を咲かせます。これがゲットウ（月
桃）という名前の由来。熱帯から亜熱
帯アジアに分布し、日本では沖縄に広
く自生しています。

ペッパーベリー

Schinus terebinthifolius

食卓のひと皿にピリッと刺激を与える
スパイス、コショウはボタニカルアレ
ンジメントの材料にもなります。ツブ
ツブした実は、ひと枝足すだけでニュ
アンスが加わります。
熱帯地域の先住民は古くから、葉、樹
皮、果実、種子、樹脂など、木のほぼ
すべての部分を薬として使用してきた
非常に長い歴史があり、古代の宗教的
遺物や古代チリのアメリカインディア
ンの偶像に見られます。

スズバラ

Rosa glauca

枝からぶら下がるようにして鈴なりに
実る、バラの実。今回乾燥の際は逆さ
に吊るして、その実は上向きに。ブッ
クリとみずみずしく水分が多いため乾
燥には時間がかかり、その経過ととも
に多くのシワが入ります。
実は落ちやすくもありますが、不規則
に折れ曲がりながら伸びる枝と、とこ
ろどころ生える漆黒の棘はミステリア
ス。存在感があるので実が落ちた枝も
素敵です。茎の根元は特に細かな棘が
多く、取り扱いにはご注意を。
出回る期間はわずかです。

ベルベットリーフ

Phanera aureifolia

花にも劣らぬ、きらめき。メタリックな赤銅色の葉が美しい、タイ固有マメ科の植物です。驚くべきは美しさだけではなく、その生長過程。この色と質感は紅葉したのではなく、生まれたばかりの新芽だから備わっているもの。季節が過ぎるにつれ葉裏の葉脈には細かい毛を残しながらも、多くの植物とは逆、瑞々しい緑色へと変化していきます。
出回るのは押し花状になったものが多いため、フレームに入れて飾るのがおすすめです。

チリペッパー

Capsicum annuum

元気になる、鮮烈な赤。口にしたときの刺激も知っているからなおのこと。刺激が強く真っ赤な色は幸運をもたらす力があると考えられていたことから、中国やヨーロッパでは魔除けの力があり、お守りとすることがあるそうです。

「野菜」や「果物」という枠組みで捉えてしまうと食べ物というイメージばかりが先行してしまいますが、お部屋を彩る植物に境目なんてない。その域を越えてアレンジメントを楽しみたいですね。

アジサイ ミナヅキ

Hydrangea paniculata
'Grandiflora'

秋の立ち枯れ。季節が進むにつれて淡いピンクから深いワインへ。アンティークな「秋色」へと変化を続けます。
旧暦の6月、水無月に咲くことからこの名がついたアジサイは、他のものに比べて開花が1か月ほど遅いことに加え、季節の移り変わりによる変化から、秋にも楽しめるアジサイです。
円錐形のシルエットから「ピラミッドアジサイ」とも呼ばれ、花びらは小指の爪ほど小さく可憐。

リンドウ

Gentiana scabra

陽が当たるときだけ開くとされる秋の
花。青紫色のイメージが強いですが、
昨今ではピンクや白の他、2色咲きの
ものなど種類も豊富。
お盆やお彼岸など古くから愛されてき
た花のひとつですが、近年このリンド
ウの花は他の植物の葉と同様に、光合
成を行っていることがわかりました。
リンドウの花持ちがいいのはこのため
かもしれません。歴史ある植物が何だ
か先進的に感じます。
花言葉は「悲しみにくれるあなたに」。

アマランサス

Amaranthus

ドレッドヘアーのような不思議なシルエット。いくつもの花が集まって連なり、丸い房のように垂れ下がる姿は、品よくありながらも面白味があります。

吊り下げて飾るスワッグや、高い場所に飾るアレンジがおすすめです。

「ヒモケイトウ」と呼ばれることもありますが、ケイトウとは異なる分類となります。名前は、ギリシャ語の「amaranthos（しおれない）」に由来。

バンクシア
スペシオサ

Banksia speciosa

ブラシに似た風変りな花穂とノコギリ
状の葉をもつオーストラリアの固有
種。「speciosa」は「華やか」を意味し、
バンクシアの中でもっとも目を引く種
類と言っても過言ではありません。
原産地オーストラリア南西部の乾燥地
帯や砂漠は、動植物にとって生きやす
いとは言えず厳しい環境です。この中
で子孫を残すために多くの植物が環境
に適応し、独特の花姿へと変化を遂げ
てきました。
花言葉は「心地よい孤独」。

ベニノキ

Bixa orellana

割れた実から覗くのは、まるで美術作品のような神秘的な種子。中心の一点は金色に輝きます。毛むくじゃらの苺のような実の赤色は、乾燥すると失われますが、中の種子は異彩を放ち続けます。

種子の赤色は、まわりに纏う仮種皮にアナトーと呼ばれる色素が含まれているため。中南米原産でアマゾン川流域などの原住民は古くから化粧やボディペインティングに利用し、現在でも食用色素や口紅などに活用されています。

ナナカマド

Sorbus commixta

漢字で書くと「七竈」。幹が硬く燃え
にくく、かまどに7回入れても燃え残
り灰にならないことからこの名前にな
ったとされています。
真っ赤に熟した実は霜や雪にあたって
しなびてもできる限り色を残し、紅葉
が終わっても落ちることなく、鳥が来
るのを待ち続けます。お部屋でもその
風景に想いを馳せながら褐色となる変
化の過程もお楽しみください。
バラ科の落葉広葉樹で北海道では街路
樹などでもよく見られます。花言葉は
「慎重」。

ユーカリ ニコリ

Eucalyptus nicholii

点々と瞬く星のような蕾と、滔々と流れるような葉が魅力。乾燥させることで淡くやさしい色に変化します。蕾を楽しめるのは期間限定、夏から秋にかけてとされています。他のユーカリに比べ茎が細く繊細なため、スワッグのような吊り下げて飾るアレンジメントがピッタリ。
ユーカリの中でも細長いヤナギのような葉をもつことから「糸葉ユーカリ」と呼ばれたり、ミントのような香りから「ペッパーミントガム」という別名がつけられたりしています。

ユーカリ
プレウロカルパ

Eucalyptus pleurocarpa

進化の過程で得た美しさ。銀白色のベールを纏った植物は、強い日差しと乾燥から水分が蒸発するのを防ぐため、光を反射し熱を避けているとされています。シルバーのワックスから覗くのは、まるで錆びたアイアン。アンティークな雰囲気がよく似合います。
四角型の個性的な果実と厚みがある楕円形の葉が特徴で、この果実の形にちなみ、「テトラゴナ」と呼ばれていましたが、学術的には現在この名は使用されていません。

ヒオウギ

Iris domestica

吸い込まれるように、漆黒に輝く種。
「射干玉」とも呼ばれ、古来和歌では
枕詞として、女性の艶やかな髪や夕闇・
夜・月・夢など「黒」を想起する言葉
を導きました。
夏に花が咲き、秋にかけて実となりま
す。乾燥するとその実はパックリと割
れて、そのあらわれた種たちは地面へ
と帰り、次へと命をつなぎます。ドラ
イボタニカルとは植物の楽しみ方のひ
とつである以前に、種を次の世代に残
す進化の過程とも捉えることができま
す。

コットン

Gossypium

緑の中にギュギュギューっと詰まって
いる、真っ白でフワフワなコットン。
元がこんな姿だったなんて。乾燥し萼
がパックリ開くと顔を覗かせ、徐々に
モコモコと広がっていきます。
綿毛の真ん中には種子があり、これを
中心にして綿毛が放射線状に生えてい
ます。この綿が寒さなどの厳しい環境
や外敵から大事な種子を守り、広範囲
に運ぶための仕組みだと言われていま
す。
十分に育っていない実は開き切らず、
手毬のような姿に。その姿もまた、愛
らしい。

グラスジェム
コーン

Zea mays

虹色に輝くトウモロコシ。宝石のようなこのきらめきは、遺伝子組み換えではなく自然交配によって生まれたもの。ネイティブアメリカンの生産者が品種改良により長年かけて生み出しました。

他のいかなる作物より多くの国々で栽培されているトウモロコシは実りの象徴のひとつ。アメリカの11月の第4木曜日、収穫の恵みを感謝する「サンクス ギビング デー」では、コーンやカラフルなドライボタニカルでテーブルやドアを彩ります。

ベルベットビーン

Macuna

大切な実を守るかのような、うぶ毛に
覆われた鞘。輝くゴールドのベルベッ
トでゴージャスでありながらシック
に。軽く振ると、マラカスみたいな楽
しげな音が鳴ります。
熱帯アフリカには仲間となるうぶ毛を
もつ豆が他にも多々存在しますが、な
かには痛みを伴うかゆみを引き起こす
ものも。それらは「狂った豆」「悪魔
の豆」と呼ばれることがあります。柔
らかくやさしそうな見た目に反してそ
の危険な側面をもちます。

— Arrangement

— Arrange 1

ハロウィンのリース「夜空のパレード」

個性的なオバケたちを、ハロウィンの夜空に浮かべて。
こぼれ落ちそうなほど豊かな実りが、仮装してやってきました。
ゲットウ、ケイトウ、チリペッパーなどの
ユニークな秋のドライボタニカルをゴロゴロとあしらったリースです。

- Arrange 2

コットンボール・
オーナメント

おしくらまんじゅうのように
キュッと集まって、まるで雪玉。
ネイビーブルーのベルベットリボンが、
より一層まっさらな純白を引き立てます。
花が落ちたあとの枝に吊り下げて
飾るのを楽しんで。

- Arrange 3

パンパスグラスの三日月スワッグ

スッと細くなるパンパスグラスの穂先は、
下弦の月のよう。
まっすぐ伸びた花穂（かすい）の長さを活かし、
両方向に束ねて一風変わったスワッグに。
中心にあしらったケイトウを支点に
上下で重さが異なるので、
吊り下げると自然と斜めに、
三日月型になるよう飾ることができます。

- Arrange 4

飾らず、生ける

花のある暮らしに慣れ、
複数の植物を組み合わせる
アレンジメントに夢中になっても、
常にこの美しさを心に留めておきたい。
一種の植物をシンプルに。
写真はアマランサスのみ。
そのシルエットを活かして、たっぷりと。

- Arrange 5

香る、シナモンのスワッグ

冴えゆく空気に漂うスパイシーな香りは、
ミルクフォームが浮かぶラテを
ひと飲みしたような温かさ。
40cmほどのシナモンスティックを使用し、
ステムも特徴的。
その他、ペッパーベリー、ティーツリー、
コニファーなどを織り交ぜた、
香り高いスワッグです。

— Arrange 6

バラの実の花かご「秋めくエデン」

花のあとに結ばれる果実は、次の命へのバトン。
それをつなぐべく、誰も知らない山奥でいきいきと咲きこぼれます。
ノバラやスズバラを含む3種類のバラの実と
秋色に染まったアジサイを、ヤナギのかごに贅沢によそって作りました。

Winter

冬

プロテア
キング

Protea cynaroides

花びらのように見える苞はほんのりと
色づき、ラインは歪む。たくさんの蕊
が集まる中心部分はモフっと。乾燥さ
せると、この自然のものならではの素
敵な変化がいっぱい。花によっては生
花の方が好きなものもあるなか、この
プロテアキングは断然ドライボタニカ
ルの方がわたしは好みです。南アフリ
カ共和国の国花。他のプロテアの花言
葉が「風格」であるのに対し、このキ
ングは「王者の風格」です。

シャリンバイ

Rhaphiolepis umbellata

直径 1cm を超えるまん丸な黒の果実
は、シンプルなシルエットゆえ心を引
きつけます。
その黒の理由。自然界では景色に紛れ
て目立たない、次の子孫を残すには不
利に感じられますが、昨今この黒い果
実は紫外線を反射することがわかって
きました。多くの鳥は哺乳類と違い、
紫外線が見えることから、種子の散布
者である鳥たちのみをターゲットに食
べてもらうという、理想的で命をつな
ぐ計算がしつくされた植物とも言えま
す。

ナンキンハゼ

Triadica sebifera

ポップコーンのような果実は、じつは
蝋。乾いた冬空のもと雪がしとしとと
降るかのように、黒褐色の殻が弾けて
真っ白な顔を出します。高カロリーな
油脂を含み、鳥に食べられることによ
ってその中に隠れる黒い種子を運ばせ
ます。
リズミカルに実る枝先と蝋による独特
の質感は変わりが効かず、毎年必ず手
元に置いておきたい植物のひとつ。特
にクリスマスやお正月のアレンジメン
トで活躍します。原産は中国。

シクラメン

Cyclamen persicum

恥ずかしそうに花びらで隠した、普段は見えないうなじの部分。乾燥させるとあらわれて、顔を赤らめるようにその色を見せてくれます。正面、横顔、後姿、すべてが違う表情で、意外にも後姿が一番大胆。

花の形や大きさが異なる多くの種類があり、それによっても仕上がりは変わります。

やや下向きに花をつけることが多く、花言葉は「内気なはにかみ」。炎が立ち上るように見えることから、「篝火花」とも呼ばれます。

スイセン

Narcissus

儚げで、どこか官能的。水分量の多い
スイセンは、茎を残さず短くカットし
て乾燥させるか、水につけたまま時間
をかけて乾燥させると、花が開いたま
まのドライボタニカルに仕上がりやす
くなります。
ギリシア神話では、美少年ナルキッソ
スは泉の水面に映る自分に恋をし、身
を乗り出し落ちて死んでしまいまし
た。その泉のほとりにスイセンが咲い
ていたことから自己愛を意味する「ナ
ルシシズム」という言葉が生まれ、ス
イセンの花言葉として「自惚れ」「エ
ゴイズム」がついたとされています。

ウメモドキ

Ilex serrata

枝から離れまいと、ピッタリと体を寄
せるように実る様子はいじらしい。寒
さが増し落葉した枝と赤い実のみにな
った姿は、造形作品のようにも感じら
れます。
プリプリとした赤い実は長期間落ちる
ことなく、写真のように水分を失い乾
いた状態となって、翌春まで枝に残っ
ていることも実際には多くあるようで
す。北海道を除く日本各地の山地に自
生します。
新年の装飾や和室のしつらえにもピッ
タリです。

144

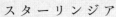

スターリンジア

Stirlingia latifolia

フワフワした黒の妖精。闇へと誘うか
のように幻想的な姿は唯一無二。
8月から10月にかけて赤味がかった
花を咲かせたあと、青銀色の毛で覆わ
れた実を密生させる西オーストラリア
の固有種です。「ブルーボーイ」とも
呼ばれます。フレッシュの状態では甘
い香りを漂わせますが、乾燥が進むに
つれその香りは弱まります。
レッド・ブルー・イエロー・オレンジ・
パープルなど染色されたものも流通し
ています。

シンカルファ

Syncarpha sp.

光を受けきらめく花に対して、フェルトのような灰色の毛が覆う茎のコントラストが面白い。
花びらにも見える苞（ほう）は薄く、薄葉紙（うすようし）を想像させるほどですが実際には破れやすいということはなく、取り扱いやすいドライボタニカルのひとつ。また経年変化もほとんどなく輝き続けます。
南アフリカの夏の丘に雪が降り積もったかのように咲きこぼれ、永遠の雪を意味する「everlasting snow」とも呼ばれます。

スモークブッシュ

Conospermum incurvum

フーっとかじかむ手に吹きかける、冬の吐息。冴え返る情景が目に浮かびます。
羊毛のように柔らかくグレーを帯びた白い部分は、じつは花。西オーストラリアでのみ確認されています。この不思議な姿は、砂漠に近い乾燥した土地や岩場など、植物にとっては一見過酷な環境であったからこそ進化の過程で身についたのかもしれません。
冬から春にかけて開花します。

コニファー
'ブルーアイス'

Cupressus arizonica var.
glabra 'Blue Ice'

規則正しく連なる緑の鎖。きらめく点
は乱れることなく並び、珊瑚のように
分岐し、伸びゆく葉は情趣を与えます。
ヒノキやマツなどの針葉樹は総称して
コニファーと呼ばれ、そのうちのひと
つ、銀色を帯びた葉が美しいアリゾナ
イトスギの栽培品種です。
一年中このシルバーグリーンを楽しめ
ますが、切り花として出回るのは主に
冬。乾燥させても爽やかな香りは残り
ます。

モミ

Abies procera

冬に欠かせない、アメリカ・オレゴン州で育ったモミ。肉厚な葉は乾燥過程でへたれることなく、1本1本立ち上がったままの姿で乾きます。クリスマスリースを作るときには丸い形を作りやすいよう、フレッシュの状態のときにたわませて。

モミの木＝クリスマスツリーという認識がありますが、意外にもイエス・キリストの降誕祭で元からあったわけではなく、常緑樹であることから「絶えることのない永遠の命の象徴」として歴史の過程で定着したと言われています。

レオノティス

Leonotis

愛嬌ってこのこと。丸くトゲトゲとした萼（がく）とうねり波立つ花は、まるで銀河を旅する宇宙船。先端がくるりと丸まった萼から飛び出す茎は、異常を察知するレーダー。
南アフリカ原産の植物で、花には甘い蜜が含まれ、多くの鳥たちを引きつけます。植物と鳥それぞれが共存をしていくために、花は筒状に、南アフリカの鳥たちはくちばしを曲げるという進化を遂げたとされています。

カレンジュラ

Calendula officinalis

滑らかにカーブする花びらは、乾燥させると散り散りにハラハラとほどけます。その花びらは、古代エジプトのクレオパトラの時代から皮膚や粘膜の損傷や炎症対策に用いられてきたハーブとしての歴史があります。
日が昇る頃に花開き、日が沈むと花びらを閉じる性質から、太陽とともに生きる花とされてきました。
寒さに強く、旬の春より一足先に開花が始まります。

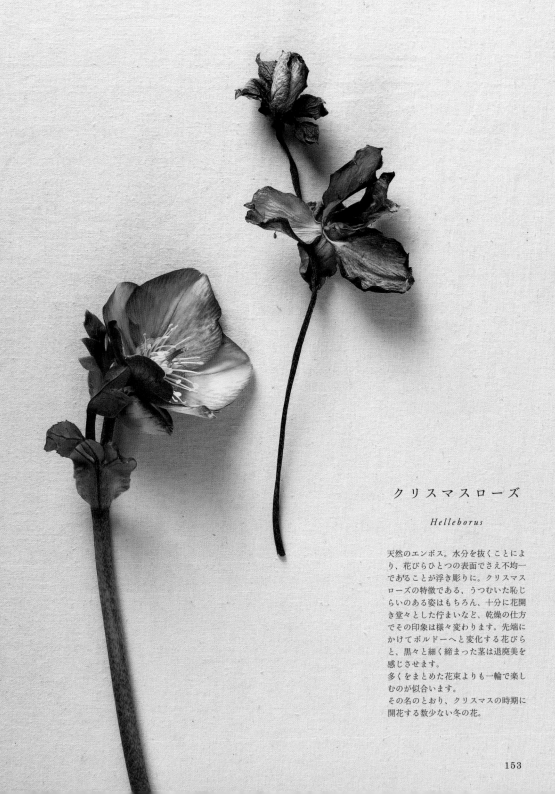

クリスマスローズ

Helleborus

天然のエンボス。水分を抜くことによ
り、花びらひとつの表面でさえ不均一
であることが浮き彫りに。クリスマス
ローズの特徴である、うつむいた恥じ
らいのある姿はもちろん、十分に花開
き堂々とした佇まいなど、乾燥の仕方
でその印象は様々変わります。先端に
かけてボルドーへと変化する花びら
と、黒々と細く締まった茎は退廃美を
感じさせます。
多くをまとめた花束よりも一輪で楽し
むのが似合います。
その名のとおり、クリスマスの時期に
開花する数少ない冬の花。

ベルティ
コルディア

Verticordia grandiflora

きっと何か意味があるはず。黄金に輝
くのは強い日差しの中でも生き抜くた
め？ 乾燥させても全く見た目が変わ
らないほど水分量が少ないのは、乾燥
地帯で生き抜くため？ フワフワな質
感なのは害虫を寄せつけないため？
なぜその形、色、質感になったのか、
想像を巡らせるのも植物を観察してい
て面白いと感じることのひとつです。
フリンジ付きの萼片から「フェザーフ
ラワー」とも呼ばれます。

フィリカ

Phylica

黄昏を想起する光をうぶ毛1本1本が
まとい、発光しているかのよう。さら
にその柔らかな質感があたたかみを与
えます。
花にも見える苞（ほう）は、収穫時閉じた状態
でも乾燥が進むにつれて開いていきま
す。
このフィリカには約150種があり、
その姿かたちは様々。全く異なる見た
目のものも多くあります。この種は南
アフリカ・ケープタウンで育ちます。

カンキツ

Citrus

身近な野菜や果物も、乾燥させればもちろんドライボタニカルへと変貌を遂げます。

皮の剥き方、カットの仕方で見えてくる表情は無限大。皮は何かに巻きつけ乾燥させるなどして、意図的に形を作ることも可能です。

レモンにユズ、冬の果実たち。素朴に輝くその黄色はシルバーリーフと合わせて季節感あるアレンジメントを楽しみたい。爽やかな香りも嬉しいですね。

サンキライ

Smilax glabra

ジグザグと折れ曲がる茎がチャームポイント。伸びることにあちらこちらへ飛び出す赤い実たちはクラッカーが弾けたようで、なんだかおめでたい。
茎の長いものが手に入ったときは、乾燥させる前に茎をクルクルと引っ掛けながら丸めておくだけで簡単にリースが完成します。
根茎を薬用として使ってきた歴史があり、山で病にかかった人がこの実を食べて元気に帰ってきたと言われることから、「山帰来」という名がついたそうです。花言葉は「不屈の精神」。

ナンテン

Nandina domestica

みずみずしい朱色から、ツヤ消しの真
紅へ変化します。フレッシュでも実は
落ちやすく、ドライにするとさらに落
ちやすくなるため、フレッシュのまま
アレンジメントを仕上げてから乾燥さ
せるのがおすすめ。

赤い実を目に、葉を耳に見立てて作っ
た雪ウサギ。幼い頃、雪が降った日の
ワクワクを思い起こさせる、わたしに
とって懐かしい植物です。

音が「難転」、すなわち「難を転ずる」
に通ずることから縁起のよい木とさ
れ、古来より厄除けの役割を担ってき
ました。

バンクシア
コーン

Banksia

花のあと、エキセントリックな果穂の
姿に変化します。この果穂の中には種
子が保存され、カモノハシのくちばし
のように孔が開いているものは、既に
種子が出た状態です。
特に厳しい環境下で生息する植物は種
を残すのにも極端な環境事象が必要
で、火災などの熱によってのみ裂開し
種子を放出するものも。他の植物との
競争が排除され、地面が浄化された数
か月後、ときには数年経ったのち成熟
した種子を落とします。

パインコーン

Pinaceae

馴染み深い言葉で紹介すると「松ぼっくり」。マツやスギなどの針葉樹の種子を守る器官です。乾燥すると鱗片が開き、種子が放たれます。

よく目にするのは手のひらにおさまるものですが、マツ科の植物は世界に200種以上あるとされ、その種類によって大きさやシルエットは異なります。なかには全長50cmほどになるものも。

甘い蜜をかけたような、松ヤニの光沢感も味わいのひとつになります。

ちなみに元々は「パイナップル」が松ぼっくりを指す英語でした。

ストーブ
プルモーサ

Seriphium plumosum

無秩序に張り巡らされた有刺鉄線のようなシルバーグレーの枝は、薬物を一切入れないアレンジメントにするのが特に好み。
南アフリカ・西ケープ州の岩場や斜面に自生し、現地の登山者は屋外で眠るときマットレスのように活用するそうです。
学名となっている「Seriphium」は、文字のストロークによってできる端にある飾り「セリフ」に由来します。

バーゼリア
ストコエイ

Berzelia stokoei

この見た目からは想像ができないくら
いの真っ赤な花を、丸い部分を突き破
るようにして咲かせます。その花を見
ることができるのは、年末あたりの南
アフリカ。日本でお目にかかるのはな
かなか難しい。
付け根がすこし茶に色づいているの
は、花の近くの茎も赤く染まる名残か
ら。
以前は「ブルニア」とされていました
が、昨今バーゼリアの一種として分類
されました。グリーン系の葉をもつも
のが「バーゼリア」とされることが多
いようです。

リューカデンドロン
プルモサス ルブラム

Leucadendron rubrum

自分の目を疑うほど、驚きを覚える変
化が見られるドライボタニカルです。
鎧のように硬く閉じられた球果は、乾
燥すると開きフワフワの綿毛が顔を出
します。種子をつけたそのパラシュー
トは風に乗り、徐々に旅立っていきます。
日本で出回るのは秋から冬にかけて。
実りを表現したり、あたたかみのある
アレンジメントに重宝します。
実際の自然界では何年もの間、球果の
中に種は保持され、時間をかけて放出
されたり、火事などで枯れてしまった
場合に弾けることによって、中の種は
運ばれます。

— Arrangement

— Arrange 1

一枝を愛でる

シルエットがユニークな冬の果実は、
手で折って一輪挿しに。
一見飾り方が難しそうな曲がりくねった枝も、
味わい深く飾れます。
数ある一輪挿しのなかでも、
植物自身がスッと自立したように見えやすい、
口径の小さいものが使いやすくおすすめです。
写真はナンキンハゼ。

— Arrange 2

クリスマスリース「Noël」

Noël の「e」上の点。
この愛らしい綴り字記号が、
トゲトゲとしたレオノティスや
ツブツブとしたナンキンハゼを使った
チャーミングなこのリースに
ピッタリな気がしてこのネーミングに。
モミなどの年間通して緑が美しい
常緑樹「エバーグリーン」を合わせて作りました。

植物の欠片を閉じ込めた
ガラスのツリー

創作の過程で余った植物の欠片を集めて、
ガラスの器に。
枝ぶりをなくした植物たちが、
器のシルエットに合わせて
新しい表情を見せてくれます。
ガラスの器と平皿、
ケーキスタンドなどを
活用して装飾するのがおすすめです。
モミ、カンキツ、スモークブッシュなど、
冬の澄んだ空気が感じられるよう
組み合わせました。

— Arrange 4

ピッチャーに飾る

耳型の取っ手と注ぎ口をもつ水差しは、
その人の生活ストーリーがあらわれます。
バンクシア コーンなど
個性の強い植物に負けない存在感で、
それぞれの持ち味を引き出します。
またアイアンのピッチャーに
飾ることができるのは、
水を必要としないドライボタニカルならでは。

All seasons

通年

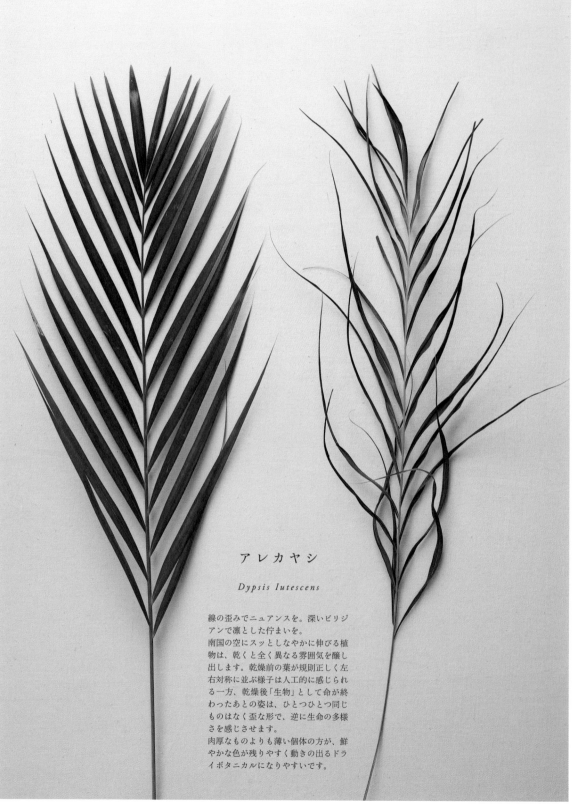

アレカヤシ

Dypsis Iutescens

線の歪みでニュアンスを。深いビリジアンで凛とした佇まいを。
南国の空にスッとしなやかに伸びる植物は、乾くと全く異なる雰囲気を醸し出します。乾燥前の葉が規則正しく左右対称に並ぶ様子は人工的に感じられる一方、乾燥後「生物」として命が終わったあとの姿は、ひとつひとつ同じものはなく歪な形で、逆に生命の多様さを感じさせます。
肉厚なものよりも薄い個体の方が、鮮やかな色が残りやすく動きの出るドライボタニカルになりやすいです。

クレマチス シード

Clematis

「風車」「鉄線」「旅人の喜び」。全く関係のない言葉のようですが、じつはすべてクレマチスの別名です。これだけ多くの名がつけられたのも頷けるほど種類は多く、その肩書きは「蔓性植物の女王」。冬咲きのものもあります。花びらは朽ちていくのと同時に散っていき、その後、種をもつこのクレマチス シードの姿へ。風をはらんで乾燥が進めば、軽やかでフワフワとした綿毛へと変化します。小動物のような可愛らしさがあるドライボタニカルです。

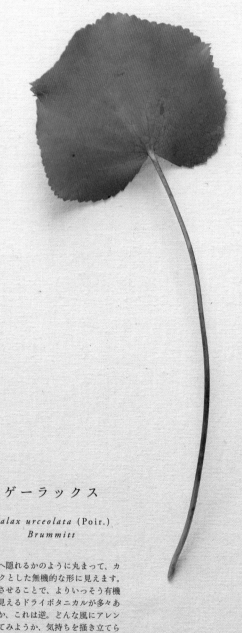

ゲーラックス

Galax urceolata (Poir.)
Brummitt

裏側へ隠れるかのように丸まって，カ
クカクとした無機的な形に見えます。
乾燥させることで，よりいっそう有機
的に見えるドライボタニカルが多々あ
るなか，これは逆。どんな風にアレン
ジしてみようか，気持ちを掻き立てら
れる変化です。
原産は北アメリカ。地下の根茎を介し
て広がり，日陰に緑のカーペットを形
成します。初夏にかけて緑の葉の上に
は羽のように白い花を密集させて咲か
せ，冬には銅色から深紅へと紅葉する
多年草。

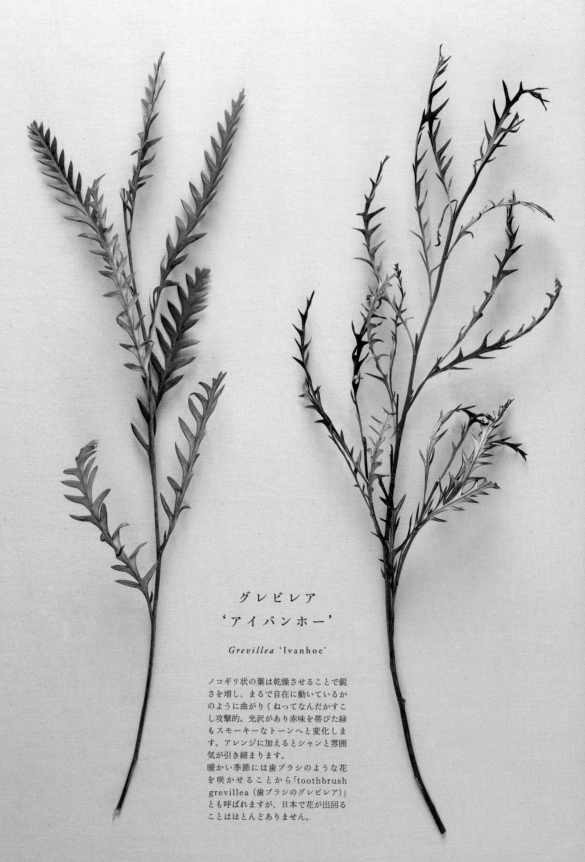

グレビレア
'アイバンホー'

Grevillea 'Ivanhoe'

ノコギリ状の葉は乾燥させることで鋭
さを増し、まるで自在に動いているか
のように曲がりくねってなんだかすこ
し攻撃的。光沢があり赤味を帯びた緑
もスモーキーなトーンへと変化しま
す。アレンジに加えるとシャンと雰囲
気が引き締まります。
暖かい季節には歯ブラシのような花
を咲かせることから「toothbrush
grevillea（歯ブラシのグレビレア）」
とも呼ばれますが、日本で花が出回る
ことはほとんどありません。

レモンリーフ

Gaultheria shallon

この名がついたのは、形がレモンに似ているからです。レモンの葉でも、レモンの香りがするからでもありません。水分が抜けることにより、繊維が詰まった葉は歪むというより、全体的にシワが入るニュアンスで、表面は蝋を引いたようにところどころ不透明に白けます。枝はジグザグと節ごとにユニークな動き。

アジサイなど、このレモンリーフに似た葉をもつ植物とのアレンジメントに添えると、まるでそこにて花開いたように自然に仕上がります。

フレボディウム
アウレウム

Phlebodium aureum

まっさらに広がる葉は、乾燥させると
使い込まれて円熟した民藝品のような
味わいが出ます。羽が風にたなびいて
いるかのようなシルエットで、ボリュ
ームと動きを出したいアレンジメントに。
物悲しさをも感じられる青白さ、その
裏には星のように見える胞子嚢が並び
ます。その色と特徴から「ブルースタ
ー」という名前で流通することもしば
しば。
湿り気のある樹木や岩に着生するシダ
の仲間で、茎を伸ばしながら樹木に根
を張り増えていきます。

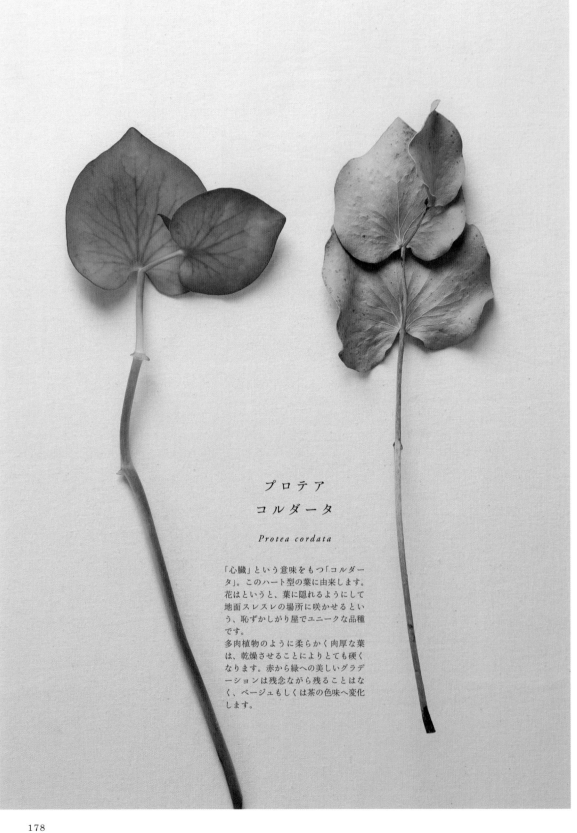

プ ロ テ ア

コ ル ダ ー タ

Protea cordata

「心臓」という意味をもつ「コルダー
タ」。このハート型の葉に由来します。
花はというと、葉に隠れるようにして
地面スレスレの場所に咲かせるとい
う、恥ずかしがり屋でユニークな品種
です。

多肉植物のように柔らかく肉厚な葉
は、乾燥させることによりとても硬く
なります。赤から緑への美しいグラデ
ーションは残念ながら残ることはな
く、ベージュもしくは茶の色味へ変化
します。

ダスティミラー
'ニュールック'

Senecio cineraria
'New Look'

葉も茎も、植物全体が白銀の雪で覆わ
れているかのよう。だけどあたたかみ
を感じるのはこの起毛がかったフェル
トのような質感から。その雰囲気も相
まって、花の少ない冬に大活躍。
ただし、名前の由来となったのは「雪」
ではなく「粉」。名前を訳すと「粉をか
ぶった粉ひき」。視点の違いが面白い
ですね。
'ニュールック'は、ダスティミラーの
中でも白く丸い葉が特徴です。和名は
「白妙菊」。花言葉は「あなたを支える」。

ユーカリ ポポラス

Eucalyptus polyanthemos

心のふるさと。ユーカリは、自生地の
オーストラリアでは日本人にとって桜
や松のような郷愁的な存在だそうです。
園芸品種も含めると 1,000 種を超え
るといわれ、軽やかに揺れる葉が愛ら
しいポポラスは人気が高い品種。葉と
幹をつなぐ茎は細く柔らかいため、垂
れ下がった見た目にならないよう、吊
り下げて乾燥させて。
オーストラリアでは頻繁に山火事が起
こり、そんな災害に見舞われた跡地で
もユーカリの種は発芽して生長するこ
とから、「再生」という花言葉が生ま
れました。

ユーカリ
'ベイビーブルー'

Eucalyptus pulverulenta
'Baby Blue'

ドライボタニカルとしてのみならず、
フレッシュな葉物としても人気のユーカ
リは、日本でも栽培され通年で出回
ります。ドライボタニカルにするとき
は新芽の季節が終わったあと、葉がし
っかりと育ったものを乾燥させる方
が、パリッと形がそのまま残る仕上が
りでおすすめです。
'ベイビーブルー'は小さな丸い葉が
肉厚で油分が多く、乾燥させても比較
的香りが残りやすい品種。ウネウネと
伸びるユニークなシルエットを楽しめ
ます。

グレビレア
バイレヤナ

Grevillea baileyana

素敵な二面性を持ち合わせた植物です。葉の表はグロスなグリーン、裏はマットなゴールド。乾燥させるとクルンとカールして、その差は交互に見え隠れ。

幼葉は先端が割れていますが、生長するにつれ長楕円形に変化し、同じ植物なのにここまで葉の形が異なる点も面白い。

常緑の植物ですが常に流通しているわけではなく、出会えるのはタイミング次第。姿を連想しやすい「グレビレアゴールド」という名で出回ることが多いです。秋から冬のアレンジメントに人気。

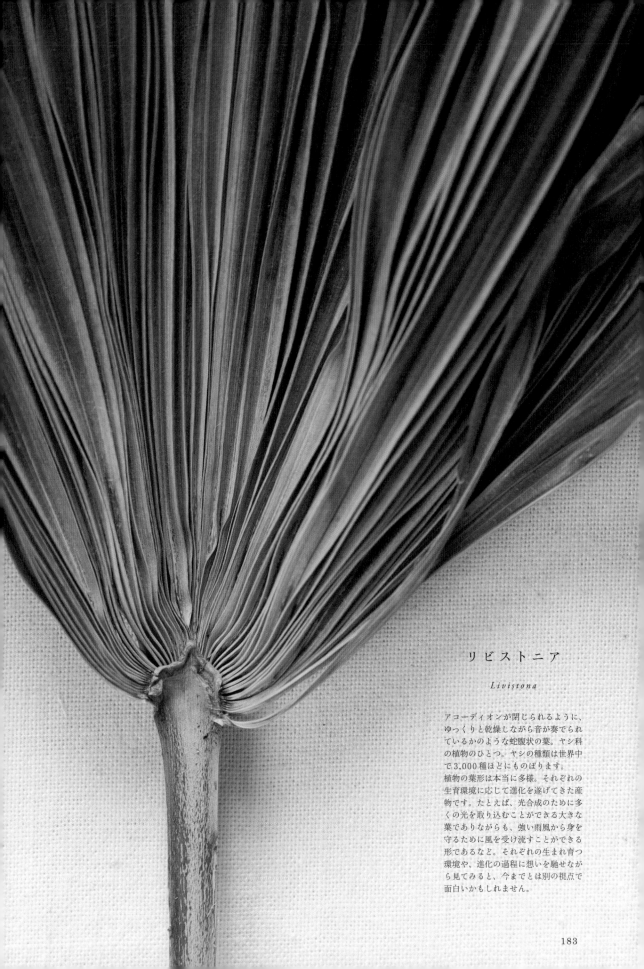

リビストニア

Livistona

アコーディオンが閉じられるように、
ゆっくりと乾燥しながら音が奏でられ
ているかのような蛇腹状の葉。ヤシ科
の植物のひとつ。ヤシの種類は世界中
で3,000種ほどにものぼります。
植物の葉形は本当に多様。それぞれの
生育環境に応じて進化を遂げてきた産
物です。たとえば、光合成のために多
くの光を取り込むことができる大きな
葉でありながらも、強い雨風から身を
守るために風を受け流すことができる
形であるなど。それぞれの生まれ育つ
環境や、進化の過程に想いを馳せなが
ら見てみると、今までとは別の視点で
面白いかもしれません。

183

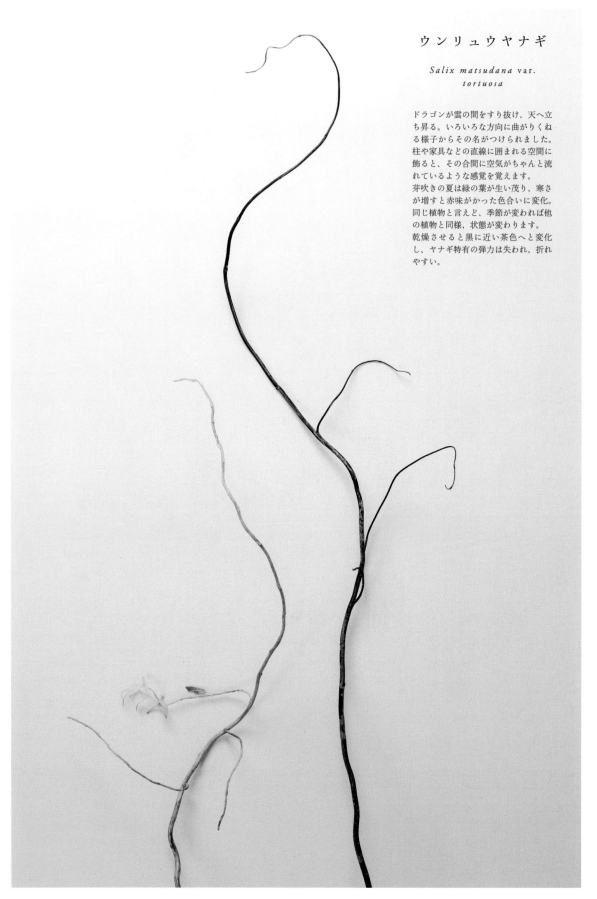

ウンリュウヤナギ

Salix matsudana var.
tortuosa

ドラゴンが雲の間をすり抜け、天へ立
ち昇る。いろいろな方向に曲がりくね
る様子からその名がつけられました。
柱や家具などの直線に囲まれる空間に
飾ると、その合間に空気がちゃんと流
れているような感覚を覚えます。
芽吹きの夏は緑の葉が生い茂り、寒さ
が増すと赤味がかった色合いに変化。
同じ植物と言えど、季節が変われば他
の植物と同様、状態が変わります。
乾燥させると黒に近い茶色へと変化
し、ヤナギ特有の弾力は失われ、折れ
やすい。

オリーブ

Olea europaea

「平和」の象徴。旧約聖書「ノアの箱舟」で、大洪水のあと陸地を探すために、放たれた鳩はオリーブの枝をくわえて帰ってきます。そこから陸地が近くにあることを知る、との一説から、オリーブの枝は鳩とともに平和の象徴とされるようになりました。

古来より逸話が語られるオリーブのドライボタニカルは、葉の裏が全く見えなくなるほど丸まって、豆が入った鞘のようにピンと張ってふっくらと。茎のシルバーとの対比が美しいです。

185

オオタニワタリ

Asplenium antiquum

もしかするとコンブと祖先は同じなの
かも……そんな風貌のシダ植物です。
乾燥し様々にくねる姿は、海中でたな
びいているよう。十分にあった肉厚な
葉は、パリッと容易に破れてしまうほ
ど薄く変化。ドライになると色が深ま
る植物が大半なのに対し、淡く抜けて
葉脈もあらわれます。葉の裏、線状の
胞子嚢群もアレンジメントで大事にし
たい。
日本南部から台湾の湿った森林内の樹
木や岩などに着生します。

スゲ

Caustis

その国で育つ植物たちは、その国に生きる動物たちからネーミングされています。
ここで紹介するスゲは、すべてオーストラリア固有種。向かって左の「エミューフェザー」は、二足歩行する飛べない鳥、エミューの羽から。元々その名をもっていたかのようにチラチラと茶色に色づくところもそっくり。中央の「ゴアナクロー」は、固有の大型トカゲの鉤爪が由来。カールした先端がその鋭利な爪先に見えることから。右の「コアラファーン」は、国のトレードマークと言っても過言ではないあの動物から。質感だけではなく、モフッとしたシルエットも似ています。

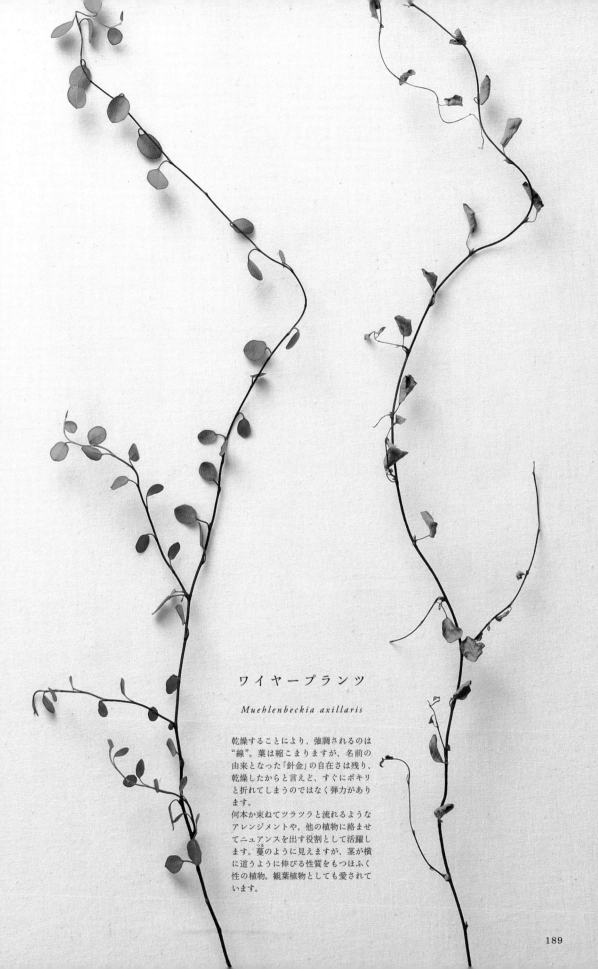

ワイヤープランツ

Muehlenbeckia axillaris

乾燥することにより、強調されるのは
"線"。葉は縮こまりますが、名前の
由来となった「針金」の自在さは残り、
乾燥したからと言えど、すぐにポキリ
と折れてしまうのではなく弾力があり
ます。
何本か束ねてツラツラと流れるような
アレンジメントや、他の植物に絡ませ
てニュアンスを出す役割として活躍し
ます。蔓のように見えますが、茎が横
に這うように伸びる性質をもつほふく
性の植物。観葉植物としても愛されて
います。

マグノリア
グランディフローラ

Magnolia grandiflora

金茶色でスウェードのような質感の葉
裏は、この植物のシンボル。肉厚で乾
燥させると融通が利かない分、オブジ
ェのような美しさを持ち合わせていま
す。光沢のある表の緑色は、経年変化
により徐々にこげ茶色へと変化し、な
めしたレザーのように。
「タイサンボク」とも呼ばれ、漢字で
「泰山木」とあらわすのは、その美し
さを世界遺産に定められた中国の名山
「泰山」に例えたことからだそうです
が、実際は北アメリカ中南部生まれ。
生粋のアメリカ原産の植物です。

－ Arrangement

－ Arrange 1

最後の形を楽しむ

ヒラヒラ。パラパラ。ツブツブ。砕かれたことで、色と中身があらわに。

今まで知っているのとは、まるで違う姿。あるものは繊維状になったり、あるものは違う色になったり。

あるものはゴツリとしていたり、あるものはフンワリとしていたり。

そんな欠片となったドライボタニカルたちの変化と表情が、面白すぎて素敵すぎて。

キャンドルに落とし込み楽しみます。

– Arrange 2

ユーカリたちを組み合わせて

葉、蕾、花、実。
さらに 1,000 ほど種類があると言われる
ユーカリを複数組み合わせて。
様々なシルエットで作られる
シルバーグリーンのグラデーション。
飾る花瓶は、ぜひピンと心惹かれたものに。
ただドライボタニカルは
水を必要としないためドッシリと
安定感のある花瓶を持っておくと便利。
飾りやすく重宝します。
今回はユーカリポポラス、ベイビーブルー、
「トランペット」とも呼ばれるコリンビア
カロフィラなどを組み合わせました。

– Arrange 3

楽譜のように束ねた
スワッグ「冴えた音色」

散りばめられたアレカヤシ、エミューファン、
グレビレアなどのグリーンたちは音を奏で、
部屋には爽やかな風が吹き込むよう。
壁から吊り下げて飾ることはもちろん、
終始同じ幅で作られた縦長のスワッグは
テーブルコーディネートにも。
形が変われば新しい飾り方の発見もありますね。

- Arrange 4

連ねたリーフの壁飾り

着想は、落ちてしまった葉をどうするか。
何でも自由に、というよりも、
そういった何か制約のある方が
新しいアイデアや形は
生まれやすいと感じます。
葉に穴をあけワイヤーもしくは紐を通し、
重ねて連ねて制作。
あらゆる葉で試すことができます。
今回使用したのは
レモンリーフや、ユーカリポポラス。

レモンリーフの　　　ユーカリ ポポラスの
オーバルスワッグ　　リース

- Arrange 5

空き瓶に飾る

空になったガラス瓶は光が透けて、
中身が入っている時には気づくことが
できない特有な色の美しさがあります。
また中身の特性によってシルエットは
それぞれ異なり、必然的な魅力も。
それらを活かしながら、
茎から落ちたものを中に入れてみたり
リースの中心に置いてみたりなど、
ひと工夫することで、
いわゆる「余った瓶に飾った」印象を
払拭し飾ることができます。
ガラス瓶と同色のマグノリアや
映えるシルバーグリーンのダスティミラー、
オリーブなどを組み合わせました。

PART II

ドライボタニカル
Q&A

そもそも「ドライボタニカル」とは何か？
といった基本から「土と風の植物園」に
いただくことの多い質問やお悩みを
Q&A形式でご紹介。
ドライボタニカルのある暮らしを
楽しむための"いろは"を
知っておきましょう。

Question

1

「ドライボタニカル」とはなんですか。
また「プリザーブドフラワー」との違いを教えてください。

ドライボタニカルは、自然の草・枝・花・実を乾燥させたものです。
水分が抜けることでその線は歪み、繊細に。
たおやかな美しさとしなやかな存在感があります。
また時間の経過とともに、表情を変えていく自然の色と香りが魅力的です。
ただし、乾燥しているためとてもデリケート。
壊れやすいものもありますので、できるだけ丁寧にお取り扱いください。
対して、「プリザーブド（Preserved）」とは、「保存された」という意味。
その名のとおり、長期間生花に近い美しさが保たれるように加工が施された花のことです。
脱水・脱色したあとにプリザーブド溶液を注入し、さらに染色加工し作られます。

Question
2

ドライにできる植物と、できない植物を教えてください。

基本的には、すべての植物がドライにできます。

ただやはり、容易にそれになるものもあれば、散ってしまいうまく残らないものもあります。

またフレッシュなときとほとんど見た目が変わらないものもあれば、

随分と変化するものもあります。

このような差が生まれる要因は、その植物のもつ「水分量」が関係しています。

水分量が少ないものほど、フレッシュなときと比べて見た目は大きく変わることなく、

短期間でドライにできます。

対して水分量が多いと、ぐんとボリュームが小さくなったり、

乾燥に時間がかかってしまい途中で腐敗してしまうことも。

この「水分量」は、同じ種類でも1本1本異なったり、

また同じ1本でもその生育状況によって部位ごとに異なったりするため、

仕上がりはそのときどきで変わってきます。

ドライボタニカルを作るうえで難しいところでもあり、面白いところでもあります。

Question
3

自宅でドライボタニカルを
きれいに作るコツや注意点はありますか。

自宅では花瓶に生けてフレッシュな状態をしばらく楽しんだあと、
ドライにされる方が多いのではないかと思います。
しかし、鮮やかな色味や散りにくいドライボタニカルを目指す場合は、
もっとも元気な状態で乾燥させるのがおすすめ。
また、咲ききっていない蕾の状態の場合は、
水揚げをし、十分に花を咲かせてから乾燥させるとボリュームが出やすいです。
花がぎゅっと密にならないよう麻ひもなどで束ね、
花を下向きに吊り下げて乾燥させます。
ドライボタニカルにとって湿気は大敵であること、
加えて直射日光は色褪せの大きな要因となるため、
風通しがよく陽の光が当たりにくいところで乾燥させることが大切なポイントです。

Question

4

ドライボタニカルでよく目にするワイルドフラワーとはなんですか。

ワイルドフラワーとは、「ネイティブフラワー」とも呼ばれ、
オーストラリアや南アフリカなどの南半球に自生する植物の総称です。
ワイルドフラワーが植生するオーストラリアの南西部は、
沿岸部は多雨な森林帯ですが、内陸へ近づくにしたがい、乾燥地帯となります。
この乾燥地帯や砂漠は、動植物にとって厳しい環境。
その中で子孫を残すために多くの植物は環境に適応し、
独特の花姿へと変化を遂げユニークなフォルムやカラー、質感となったとされています。
乾燥地帯に植生することから、水分量が少ない植物となり、
その結果ワイルドフラワーの多くは、ドライになりやすいとも考えられますね。

Question
5

ドライボタニカルの寿命を教えてください。

一般的にドライボタニカルの寿命は3か月から半年程度と言われています。
ただドライボタニカルの経年変化やそのスピードは、
その種類や飾る環境によって変わってきます。
また感覚というのは、人それぞれ。
わたしはその変化の過程を楽しんでいただいたのち、
飾る本人が「きれいではない」と感じられたときが
ドライボタニカルの寿命と考えています。

Question
6

ドライボタニカルの持ちをよくするためのコツはありますか。

浴室が近いなど湿度が高い場所だとドライボタニカルがしおれてしまったり、
カビが発生したりするなどの原因になってしまうので、風通しのよい場所に飾りましょう。
陽の光がよく当たる場所や日中暑くなる部屋に飾っていると、
退色したり茶色くなるなど色の変化が速いです。
なるべくフレッシュに近い色を楽しみたい場合は、直射日光が当たらない場所に飾ってください。
そして掃除について。
バンクシアなどの頑丈なものはドライヤーの冷風を当てるなどして、
またラナンキュラスなどの繊細なものは絵筆などで定期的に埃を払いましょう。
また室内を清潔に保つことは、虫の予防につながります。
ドライボタニカルの周辺（飾っている花瓶自体や、スワッグなら周囲の壁）を
アルコールで掃除することもできることのひとつです。

Question

7

ドライボタニカルを組み合わせる際の
ポイントを教えてください。

わたしは植物同士の「相性」よりも、その人自身のインスピレーションを大切にできたら、

と思うので、自身が好きなものを楽しみながら選んでもらえたら、と思っています。

組み合わせる際に一番大切にしているのは、

植物を選ぶ前に、全体のイメージをまず考えることです。

たとえば同じ「春」でも、可憐な花々が咲き誇る風景もひとつですし、

苦みやえぐみを感じるような草木の芽吹きもそのひとつ。

そのイメージをもとに植物を選べると、

ストーリーを感じられる組み合わせになりやすいです。

Question

8

ドライボタニカルを花瓶に生けたり、
スワッグ・リースを作る以外の楽しみ方を教えてください。

ドライボタニカルのアレンジ方法は、様々あります。
ひとつめは、器を変えてみること。
バスケットやメディシンボトルに入れてみたり、
茎が短いものなら花瓶の横に置いても様になります。
ふたつめは、ハンドメイドの材料とすること。
たとえば贈り物としてワインボトルやプレゼント、
メッセージカードに添えたり、手づくりのキャンドルやサシュにあしらったり、
ドライボタニカルでアクセサリーを作ることもできます。
最後は、オブジェと捉えること。
マスキングテープで壁に貼りつけたり、車の中に飾ったりするのもひとつのアイデアです。
水を必要としないことが、ドライボタニカルの特徴のひとつ。
「植物を飾る」という概念を一度取り払って、
自由にドライボタニカルのある暮らしを楽しんでいただけたら、と思います。

Question

9

スワッグやリースは玄関など、屋外に飾っても大丈夫ですか。

屋外にも飾ることはできますが、
天候が悪いときには屋内に入れていただくことをおすすめします。
また、穏やかな日差しから色の変化を緩やかに楽しめ、
湿度も低いことから、屋外に飾る場合は冬の時期がベスト。
クリスマスやお正月など、
日常にドライボタニカルを取り入れやすいシーズンでもあるので、
是非挑戦してみてくださいね。

賃貸住宅などで壁に穴があけられないときは、
どのようにスワッグやリースを飾ったらよいでしょうか。

コートハンガーや突っぱり棒から吊り下げても飾ることができます。
吊り下げる飾り方以外では、意外に思われる方がいるかもしれませんが、
花瓶に飾るよりもそのまま置いて飾る方法がおすすめです。
基本的にスワッグは、壁から吊り下げて飾ることを前提としているため、
あえて背面を平らに作っています。
そのため花瓶に飾ると、平面的な見え方になってしまうことがその理由。
器に飾りたい場合は、バスケットなどの口が広いものに背面を下にして飾るのも素敵です。
リースはケーキスタンドに置いたり、
キャンドルを輪の中心に入れたりすると、雰囲気ががらりと変わります。

あとがき

とことん、「運」と「縁」に恵まれた人生だなぁ、と感じています。

この執筆のお話をいただいたとき、すごく嬉しくて。それは自分なりに日々ひたむきに取り組んできたことを誰かが見ていてくれて、「この人にお願いをしたい」と実際に仕事として依頼をしてくださったという事実からでした。背筋がシャンと伸びると同時に「多くの方に支えられている」と心強く感じ、日々の糧にもなりました。

この度執筆のお声がけをいただき、校了までの一年と半年常にわたしの気持ちに寄り添ってくださった編集の齋藤さん、素敵な一冊になるよう力を尽くしてくださったデザイナーの濵田さん、お力添えをいただきましたスタッフの皆さま、本当にありがとうございます。

元々化学の道に進もうと考えていたことがあったほど、物事の成り立ちや変化に対して興味深々な性格。どうしてそうなったのか、変化を観察してその理由を考えたり、組み合わせて新しい何かを作ったりすることがとても好きでした。

植物は乾燥させることで想像もつかない姿に変化したり、刻々と色が変化したりします。この変化こそ、わたしがドライボタニカルに一番心惹かれている理由かもしれません。

高校卒業後、結局はデザインの道に進んだのですが、ひとつひとつがオーダーメイドの花の世界に憧れて転職。この世界から離れようとしたこともあったのですが、「運」と「縁」に恵まれて、ドライボタニカル専門のオンラインショップ、土と風の植物園を立ち上げる運びとなりました。

乾燥させた植物は、実物の写真を掲載するオンラインショップで販売をするには時に歯がゆさを感じるほど、その個体差は大きく状態も常に変化します。

この本ではそれぞれの特徴に加え、日々植物に接する中でよりリアルに見えてくる、そんな個々の違いや乾燥による変化と魅力、その事実による気づきまでを紡ぎだすように言葉にしました。

本をご覧になることで、友人の隠れた特技やギャップが垣間見えてさらに身近に感じるように、植物の意外な一面やクスっと愛らしい表情に気づいていただき、皆さまの心をすこしでもあたためることができていたら嬉しいです。

おわりになりましたが、土と風の植物園立ち上げ当初から「いいじゃん、それやってみようよ」と、わたしの背中を押してくれる秋葉さん、どんなときも味方でいてくれる杉本さんはじめ土と風の植物園のスタッフのみんな、マイペースなわたしをあたたかく見守ってくれる友人、家族のみんな、ありがとう。

そしていつも土と風の植物園を応援してくださる皆さま、この本を手に取ってくださった皆さまがいるからこそ、自分の好きなことを他の人々にお届けできるという喜びを感じられています。本当にありがとうございます。

すべての出会いと経験に感謝を込めて、引き続き土と風の植物園をどうぞよろしくお願いします。

土と風の植物園　店主　山崎 由佳

山崎由佳

やまさき・ゆか

岡山県倉敷市を拠点とするドライボタニカ
ル専門のオンラインショップ「土と風の植
物園」の店主。花の仕入れから管理・企画・
制作・SNSへの発信など、その業務は様々。
日光浴が好き。だけど休日の大半はソファ
の上で過ごすインドア派です。
ドライボタニカルの多様な姿と豊かな変化
に魅せられて、2018年秋に土と風の植物
園を始動。植物による「癒し」だけではな
く「楽しさ」をお届けしたいという想いか
ら、手作りキットの販売や作り方動画の配
信も行っています。

HP　https://tsuchikaze.jp/
Instagram　@tsuchikaze_official

参考文献：新井光史「花の辞典」雷鳥社 (2017)／遠藤昭「はじめてのオージープランツ図鑑」青春出版社 (2021)／川崎景介「花のこと
ば 12 ヶ月」山と渓谷社 (2021)／小林智洋、山東智紀、山田英春「世界のふしぎな木の実図鑑」創元社 (2020)／スミソニアン協会、キ
ュー王立植物園、塚谷裕一「FLORA 図鑑 植物の世界」東京書籍 (2019)／多田多恵子「大人のフィールド図鑑 原寸で楽しむ 身近な
木の実・タネ 図鑑＆採集ガイド」実業之日本社 (2017)／モンソーフルール「花屋さんで人気の 421種 大判花図鑑」西東社 (2011)

Staff

ブックデザイン　藤崎良嗣　濵田樹子 pond inc.

DTP　　　　東京カラーフォト・プロセス株式会社

編集　　　　齋藤由梨亜

ドライボタニカル
フレッシュからドライへ移ろいの記録

2023年6月30日　初版第1刷発行

著　者　山崎由佳
　　　　　やまさきゆか

発行者　岩野裕一

発行所　株式会社実業之日本社
　　　　〒107-0062
　　　　東京都港区南青山6-6-22　emergence 2
　　　　電話 (編集) 03-6809-0473
　　　　(販売) 03-6809-0495
　　　　https://www.j-n.co.jp/
　　　　小社のプライバシー・ポリシー
　　　　(個人情報の取り扱い) は上記ホームページをご覧ください。

印刷・製本　大日本印刷株式会社

Ⓒ Yuka Yamasaki 2023 Printed in Japan
ISBN978-4-408-53836-5 (第二文芸)